POUR EN FINIR
AVEC
LES ANNÉES 80.

FRANÇOIS REYNAERT
MARIE-ODILE BRIET
VALÉRIE HÉNAU

POUR EN FINIR AVEC LES ANNÉES 80.

PETITE SOCIOLOGIE DES SNOBISMES DE L'ÉPOQUE

Illustrations de
HERVÉ TULLET

CALMANN-LÉVY

A L'ENTERREMENT
DES ANNÉES QUATRE-VINGT

POSÉS d'une fesse *design* et élégante sur des fauteuils Starck, sirotant une petite tequila à l'ombre de nos halogènes, nous nous laissions gentiment vivre, sans voir le temps passer. L'existence était *divine*. Nous savions, alors, cerner les vrais problèmes : « Ce soir, on se fait un saumon cru mariné à l'aneth aux Halles, ou des *tapas* sur le pouce à la Bastille ? » Nous savions, alors, nous contenter des plaisirs les plus dépouillés : un *loft*; un abonnement à *City*; un carton pour le prochain défilé Comme des garçons; un concert des B 52's ou un week-end au Grand Hôtel de Trieste, de Vienne ou de Prague pour y relire Paul Morand.

Endormis par tant de bonheurs, inconscients et frivoles, nourris au miel d'un éphémère que nous croyions éternel, nous ne voulions pas voir qu'autour de nous d'innombrables symptômes annonçaient la catastrophe prochaine. Des envolées de nuages venaient assombrir un ciel que, derrière nos stores vénitiens, nous croyions bleu et éclatant comme dans un film de Jean-Jacques Beineix. Et pourtant !

Il n'y a pas si longtemps, les *punks* nous égayaient de leurs suaves mélopées, de leurs poétiques trouvailles et de leurs tenues raffinées. Aujourd'hui, on s'aperçoit avec horreur que bientôt, l'UNESCO devra les classer au titre des espèces protégées. Les derniers que l'on croise à Londres sont en photo sur des cartes postales, entre celles du gorille du zoo et celles de Westminster Abbey. Et les autres, comprenant enfin que le *no future* était sans avenir, ont opéré des reconversions de carrière brutales. Bob Geldof fait des quêtes pour les malheureux ventres vides du bout de l'Afrique. Et Mylène Khaski, qui fut à la grande époque chanteuse des Édith Nylon, a récemment raté l'ENA et écrit dans le bulletin des anciens de Sciences Po. Triste destin.

Et les branchés, faut-il qu'il m'en souvienne? Cette peuplade hier florissante frôle désormais l'extinction.

Fabrice Emaer, d'abord, Alain Pacadis ensuite, qui furent jadis leurs anges tutélaires, sont devenus depuis longtemps des rois de la nuit éternelle. Il n'y a plus que saint Pierre, désormais, qui leur offre des gin-tonic et des vodka-orange.

Car l'ici-bas, infâme et sans mémoire, piétine leur héritage de la plus honteuse manière. Le Palace et les Bains qui furent leurs temples inviolés, abritent des émissions de télé. On *nightclubbe* à Issoudun, Charleville et Millau. A quand les cha-chas du Balajo dans le programme des *tour-operators* pour touristes japonais, entre la tour Eiffel et le dîner-spectacle au Lido? Dieu merci, ils n'auront pas vu ça.

Il y a déjà longtemps, c'est vrai, que les branchés ont commencé leur agonie. Quand *Globe*, seul, pariait sur leur fin à la « une » de son premier numéro, en novembre 1985, on pouvait penser encore que ce faire-part était prématuré. Mais quand, en août 1988, ce fut *Le Point* qui récidiva, en titrant sur « La fin des branchés », entre deux *covers* sur « Les salaires des cadres » et « Les maladies cardio-vasculaires », le doute ne fut plus permis. Fallait-il attendre que *Clair Foyer, Intimité* et *Le Chasseur français* consacrassent un dossier à ce sujet (avec une jupe d'Azzedine Alaïa en fiche-tricot et *L'Amant* de Marguerite D. en roman-photo détachable) pour qu'enfin l'on ouvrît les yeux sur l'atroce réalité?

Il faut savoir affronter le pire. Osons, enfin, nous pencher sur le grand boulevard du Temps qui Passe pour regarder en face ce que nous refusions de voir.

Il est à 500 mètres. Il est à 200 mètres. Voilà ! Il est là ce lugubre cortège. Nous l'espérions si loin et déjà, il se déploie sous nos balcons. Ses Pompes (des Paraboot's) sont funèbres. Et les vestes des Suisses sont déstructurées. Le corbillard est d'Andrée Putman, très trente, très pur. La bière est rousse, et alors ? On voit derrière, des veuves par poignées. Mitterrand-neveu, pour une fois, est muet. Jacques Séguéla, sous le choc, a même refusé les interviews. Jack Lang a remis pour l'occasion son costume Mugler à col Mao qui finalement lui fait de l'usage. Serge July marmonne une oraison. Jean-Paul Gaultier a offert le suaire et Bernard Tapie une gerbe très belle, très simple, marquée « Allez l'OM » en ampoules clignotantes. Mourousi fait vibrer en direct, sur la Une, qui tire des larmes à la France entière. Au long du défilé, passent les couronnes mortuaires. Ici on lit : « Aux disparues. Le Potager des Halles reconnaissant. » Là : « Éternel souvenir. Les amis de la nouvelle cuisine. » Et encore : « Merci pour tout ce qu'elles firent pour nous. Les adhérents du Gymnase Club. » Et partout, aux fenêtres, sur les trottoirs, dans les voitures, le peuple fait exploser sa tristesse. Vous pouvez pleurer ! Aujourd'hui, on enterre les années quatre-vingt.

Ainsi passe la gloire du monde. Pendant dix ans, pauvres écervelés, nous avons craché sur la tombe des années soixante-dix. Quand on voulait rire, c'était simple, on sortait de dessous sa pile de coton indien un pantalon patte d'éph' ou un gilet en mouton retourné. Une chanson de Graeme Allwright, et l'on pouffait, un poster de Che Guevara et c'était l'hilarité générale. Insouciante jeunesse ! Aujourd'hui, ce sont nos belles années à nous que l'on mène au tombeau.

Le spencer noir, qui fit tant d'effet, en 1983, à une fête d'*Actuel*, a échappé de peu au carton pour le Secours populaire. Les hardes lacérées qu'on trouvait si furieusement post-atomiques font d'excellents chiffons à chaussures. La compilation *Rock in Rennes* (merveilleusement transmusicale) a rejoint à la cave la collection de toasters (merveilleusement *fifties*) et la machine à rouler les *sushis* (merveilleusement inutilisable). Ce touchant bric-à-brac s'entasse sur les étagères métalliques qui donnent désormais au sous-sol son côté merveilleusement *high tech*, mais, grâce au ciel, caché de tous. Et le vieux chemisier à jabot de feu la mode *pirate* a fini chez la belle-sœur de Dunkerque qui en avait besoin pour un mariage « très habillé ». Tout fout le camp.

Certes, on peut en rire, de nos *eighties*. Leur cadavre encore chaud prête son flanc osseux à la critique. C'est vrai, elles furent sectaires, intolérantes, toquées de chic, piquées de toc, esclaves du futile et de l'apparence. Elles ont sur la conscience les *fashion-victims*, la dictature des *in* et des *out* et la peur du *look*. Les ouvrages des années soixante-dix répondaient à des questions essentielles (le fromage de chèvre est-il porteur de l'aliénation bourgeoise?), les *Guides* des années quatre-vingt ont ouvert des perspectives autrement élevées (peut-on être BCBG et porter des Burlington's bleues avec des Church noires?). Et la confusion des valeurs tenait lieu de Culture. La pub, c'est de l'art, la mode c'est de l'art, les clips, c'est de l'art. Tout était taillé dans l'art. A trop embrasser, on finit par tout perdre. On flottait dans « l'Ère du vide ».

N'empêche. En menant au cimetière les années quatre-vingt, c'est la tombe de notre propre jeunesse que l'on creuse. Nous avions vingt ans quand elles naquirent. Nous avons trente ans pour les pleurer.

Bien sûr elles furent désinvoltes, insouciantes et vaines. Bien sûr, elles sont en minuscules sur les grandes pages de l'Histoire. Point de révolutions, point de défaites bouleversantes. Il y eut simplement quelques drames: la mort de François Truffaut, Danièle Gilbert exhibant son cul-cul la praline dans *Lui*, le « détail » de Le Pen, Jean Marais chantant du disco, l'accident de Coluche, les tisanes de Rika Zaraï, le lent naufrage du PC ou la séparation Gainsbourg-Birkin. Une tragédie, aussi: une Saloperie Inventée pour Désespérer l'Amour qui met du curare sur les flèches de Cupidon et fait planer la mort sur toutes les étreintes. Sans parler de cette Crise, qui depuis plus de quinze ans n'en finit pas de saigner le pays. C'est odieux pour ceux qui en souffrent. C'est, au mieux, un petit quatrain ajouté à *la Légende des siècles*. Qu'y pouvons-nous ?

Les grands ont eu vingt ans dans les maquis, vingt ans dans les Aurès, vingt ans sur les pavés du Joli Mai. Nous, les petits, nous avons eu vingt ans à la terrasse du café Costes. Fallait-il se noyer dans le blue lagoon, reprendre la Bastille en la bombardant au chavignol chaud, acheter du tarama au marché noir, lancer des commandos suicide à l'assaut du portier des Bains-Douches et organiser des écoutes clandestines de Radio Nova (« Les branchés parlent aux branchés »), pour donner un peu d'épique à cette époque étique ? Non. Les héros sont fatigants. Et les petits poèmes en prose valent parfois les grands élans des chansons de geste. Voici donc la chronique, ironique (on l'espère), et tendre (on s'en désespère) d'une décennie ordinaire, par ceux qui l'ont vécue.

AU BAPTÊME DES ANNÉES QUATRE-VINGT-DIX

La roue tourne. Hier, on enterrait les années quatre-vingt. Aujourd'hui, on baptise les années quatre-vingt-dix. Les aînées ont vécu. Que vivent les cadettes !

Elles viennent au monde dans une époque un peu frileuse. Les malheurs du temps, épidémiques et économiques refroidissent nettement l'atmosphère. Aussi les nouvelles nées vont-elles chercher, sans doute, à rester douillettement au chaud, à l'abri du berceau. Cette tendance a déjà un nom : cela s'appelle le *cocooning*, c'est-à-dire le retour au cocon. Au reste tout le monde, déjà, en a entendu parler. Les journaux, les magazines, les *news* ou les féminins unanimes ont sonné, ces derniers temps, la retraite vers les joies du foyer, les valeurs sûres, le *cosy fan tutte*, la convivialité, les « copains d'abord », et le gentil chez soi.

Adieu les dîners dehors. Adieu la nouvelle cuisine.

Aujourd'hui, on réunit ses potes au feu (de bois), autour d'un bœuf gros sel avant de se faire un jeu de société. Les seules boîtes de nuit, vraiment mode, de nos jours, ce sont les boîtes du *Trivial Pursuit* ou du *Pictionary*. Et puis on ne peut plus se coucher tard. D'abord, avoir les yeux cernés et le teint blême fait terriblement *eighties*. Ensuite, il faut se lever tôt: on doit emmener les enfants (nombreux) à la danse (classique). Et quand ils seront rentrés, il faudra leur lire quelques scènes de Molière, dans le volume de « La Pléiade » qu'on leur a offert pour Noël. Finis les pifs, à longueur de journée, collés au PAF. Désormais, on écoute France-Musique. Et si l'on veut du spectacle, on va à la Comédie-Française.

Dans les années quatre-vingt, on faisait des « plans » (un plan d'enfer, un super plan), dans les années quatre-vingt-dix, on fera essentiellement du plan-plan. C'est un peu court, mais c'est gentillet. Après des années de chichis et de prétention, après les coups d'éclat et les coups dans l'eau qui pendant dix ans nous tinrent lieu d'Histoire, il sera assez reposant de regarder passer le temps devant une assiette de potage maison, dans un peignoir en laine des Pyrénées.

Il n'est qu'une chose à laquelle, jamais, nous ne pourrons nous faire. Certains observateurs prétendent la voir arriver dans les fourgons de la décennie qui s'annonce. Elle porte un nom affreux: le « retour à l'esprit de sérieux ». Parce que les années quatre-vingt furent frivoles comme des marquises et rieuses comme des bossus, on voudrait que leurs cadettes soient forcément graves et austères. On imagine déjà le pire: la France envahie par les faces de carême, le parti des rabat-joie au pouvoir, le rire déclaré d'inutilité publique, et les calembours bons déchus de leurs droits civiques. Les années quatre-vingt-dix seront comme elles voudront, mais sinistres, ça, jamais! Les authentiques lettrés ne s'y tromperont pas, *Pif Gadget* n'a cessé de le dire: du long combat qui, depuis des siècles, les oppose aux *Tristus,* les *Rigolus*, toujours, sont sortis vainqueurs.

DE LA MODE

DE la mode, de la mode. Du *Guide du BCBG* aux *Mouvements de mode expliqués aux parents,* le sujet a été retourné sous toutes les coutures. Les *eighties* se sont jetées dans la gueule du *look*. Les « petits minets » ou les *skinheads* se sont retrouvés, de Doc Marten's en *bandanas*, de mocassins College en Bombers, aussi sûrement épinglés que des papillons dans un cadre du Muséum. L'exercice n'a plus le moindre intérêt. Même ma mémé sait fort bien, maintenant, faire la différence entre « un rockeure et un pinque ». Il y en a une paire qui sont ses voisins de couloir dans sa maison de retraite.

Non, ce que l'on voudrait simplement, à la fin de ces années quatre-vingt, c'est en découdre un peu avec les tartes à la crème d'une décennie tellement « mode ». C'est tenter d'enfoncer quelques aiguilles à tricoter dans les outrances de l'époque, dans ces « années-couture », ces « créateurs-cultes », dans cette divinisation hysté-rique du chiffon que l'on vient de vivre, baudruche tellement gonflée qu'elle devrait bien finir, sous peu, par exploser.

PREMIER POINT (DE CROIX)

Reprenons. Avant, les choses étaient simples. La Haute Couture, comme on disait encore, était réservée, avec le camembert, le champagne et le Moulin-Rouge, à quelques rois du pétrole grassouillets et quelques Japonais qui n'y connaissaient rien. Les lectrices des magazines de mode se recrutaient dans le ghetto infamant des femmes qui n'avaient pas encore fait « leur libération ». Et nous, la masse, on s'était libéré de l'esclavage de l'« apparence ». On portait une veste en mouton retourné (et solidaire) du Larzac, et un pull tricoté main (« Je suis obligé de le mettre, c'est ma mère qui l'a fait pour mon anniv' »). On marchait d'une Clark's désaliénée sur la route des vrais problèmes : Peut-on désespérer Billancourt ? Sheila est-elle un homme ? Y a-t-il une vie avant la mort ?

Seul Barthes s'était essayé à un peu de fantaisie avec son *Système de la mode*. Mais déjà bien avant, avec ses fameuses *Mythologies*, petites sociologies des combats de catch, de la DS et de l'abbé Pierre, il nous avait habitués aux sujets futiles.

Et puis voilà que soudain, d'un escarpin discret au début, la mode s'est mise à sortir de son vestiaire de la honte. A l'aube de la décennie, des créateurs japonais (Issey Miyake, Rei Kawakubo, pour « Comme des garçons », ou Yohji Yamamoto, on dit *Yohji*) sont arrivés de leur île natale en prouvant qu'on pouvait faire des robes et en avoir sous le brushing. Avant on fabriquait des vêtements, eux ils se sont mis à pondre du concept. Ah ! ces noirs, ces bistres, ces ocres, ces blancs, ces asymétries, ces drapés, c'était tellement théâtral, tellement profondément enraciné dans une culture millénaire, tellement No, quoi. Peu à peu, les préjugés flanchèrent.

Quelques précurseurs trouvèrent bon de pencher leur flair vers les nouveaux signes éphémères des temps. Marylène Delbourg-Delphis écrivit *le Chic et le Look*. *Libé,* qui, du temps de sa gauchiste jeunesse, chérissait plutôt les défilés des travailleurs en marche, envoyait désormais ses reporters à ceux de la Haute Couture. Voilà, le pli était pris. Les nouveaux snobs ne seraient plus obligés d'avoir un point de vue sur les derniers

13

séminaires de Lacan ou les visages cachés de l'impérialisme américain, ils pourraient enfiler des perles sur du
chiffon.

Feuilletons au hasard un vieux magazine oublié. C'est
beau comme du Saint-John Perse devant les éléments
déchaînés et amers, mais c'est le numéro qu'*Autrement*
(revue chic) a consacré à la mode. « Il arrive qu'on
aperçoive, en traversant les Halles, ces fantômes dont
les hardes lacérées, nouées, rabotées, évoquent les austères mises en scène du Berliner, ou la violence des
disputes conjugales chez les paysans corses... » (« Allé,
poutana, di lé moua qué tou a coussé avec cétté salopé
dé Yamamoto. ») Plus loin : « On songe à Seveso, à saint
Bernard prêchant la Croisade, au suicide de Mishima. »
Le « suicide de Mishima », je le fais bouillir ou je le lave
à la main ?

En tout cas, la machine infernale était lancée. Les
années quatre-vingt virent défiler à la suite les articles,
les essais les plus esthétisants, les plus chichiteux sur le
falbala. Gilles Lipovetsky, sociologue de renom, sacre
tout ce beau mouvement sous la couronne de *l'Empire
de l'éphémère* en 1987. Selon le critique du *Nouvel
Observateur*, il voit « la mode comme la forme terminale
de la dynamique individualiste qui inspire le destin de
l'Occident [...] ». Il peut citer Max Weber et Courrèges
dans la même phrase, il a lu Barthes et Poiret. Voilà un
homme qui ne manque pas de Haute Culture. Un peu
plus tard, il ira interviewer J.-P. Gaultier pour *Elle*.

Les rédactrices de mode, du coup, se prennent pour
des agrégés de philo. Même les mannequins se dé-
couvrent une âme. Inès de la Fressange, divine femme-
sandwich de la maison Chanel, et égérie de Karl Lager-
feld, est interrogée sur tout et n'importe quoi. Les
derniers intellectuels font du recyclage au cours Berçot.
Dans la presse entière, seuls *Esprit*, *La Revue des Deux-
Mondes* et *Rustica*, à notre connaissance, résistent vail-
lamment à l'introduction de pages chiffon.

Et l'État lui-même finit par vaciller sous ces coups de
sape. Jack Lang, depuis longtemps au parfum de ces

modernes futilités, prépare un coup d'éclat. Il arrive à l'Assemblée nationale en col Mao noir, joli comme un Kadhafi habillé en dimanche : c'est un costume Mugler. Stupeur généralisée. La droite hurle, histoire de se venger sans doute de la belle veste qu'elle s'est prise, elle, aux élections précédentes. Mais tous les gens de progrès eux l'ont compris : la couture, c'est de l'Aāārt. Seul François Mitterrand, avec son élégance naturelle, tire ses quatre épingles de ce petit jeu. On lui demande plus tard ce qu'il pensait de la tenue de son ministre. Il répond, finaud : « Moi, quand je l'ai vu arriver au Conseil des ministres, je me suis dit : tout ce noir, c'est peut-être un peu austère... » Enfin, suprême entrée de l'ex-« art mineur » dans la cour des grands, en 1985, on ouvre à la mode un musée, et à deux pas du Louvre.

Comment résister à tant de pressions ? Évidemment, le milieu de la Couture lui-même ne se sent plus. Les petites mains ont la grosse tête. On ne compte plus les autocélébrations du frou-frou : on oscarise, on festivalise et on expose, on expose, on expose. Voilà, l'autre année, que l'on organise une exposition tout entière consacrée à Roger Vivier, créateur de chaussures. Sublime ! Sublime ! criait-on de toutes les branchitudes. On veut bien que ce monsieur soit un homme que le talent aiguille. Mais enfin, ayons au moins le courage de le reconnaître, des pompes, des pompes, au bout d'un moment, c'est un peu gonflant. Et les expos Dior, et les Schiaparelli, et les Saint-Laurent que l'on nous vend comme des Goya ou des Turner. Triste époque. Les gens ne respectent plus rien. Même les tailleurs se laissent manger au mythe.

DEUXIÈME POINT : *VENI CRÉATEUR*

Trêve de chichis. Osons une question idiote : qu'est-ce qui restera des années quatre-vingt ? Les années dix ont eu leur Poiret. Les années quarante ont eu leur *new-look*, les sixties leur Courrèges, et ma maman les patrons de *Modes et Travaux*. Et nous, et nous? Quelques mauvaises langues remarqueront qu'entre le « néo-psychédélique » et le retour des pattes-d'éph', les paniers et les faux culs façon Pompadour ou le *come-back* des robes en vichy chères à BB, qu'on nous a ressortis périodiquement, cette décennie a plus été la championne du « revival » et du « clin d'œil » que de la version originale.

Ah si! Encore un peu et on allait médire. De ces belles années, il restera beaucoup mieux qu'un style, qu'une vulgaire révolution vestimentaire, qu'une bête modification des us et coutumes ; il restera un concept : le Créateur.

Les âmes pieuses peuvent se calmer. On écrit « Créateur », mais on ne va pas imaginer quand même que c'est de Là-Haut qu'on nous bricole nos jupettes de l'été prochain. Le Tout-Puissant a encore trop besoin de son doigt de Dieu pour le coincer dans un dé à coudre. Non, le Créateur n'est autre que le personnage central de la mode contemporaine. Il est né dans les années soixante-dix pour donner enfin un coup de ciseau salutaire à toutes les vieilles badernes qui tenaient le monde du tissu sous leur coupe. Enfin, avec son talent neuf, il allait apporter une légèreté, un sens du *fun* et un goût du jeu que la Haute Couture, figée dans ses rites, avait oubliés depuis longtemps.

Souvenez-vous comme on vous chérissait, jeunes espoirs qui alliez mettre enfin le Style à la portée de tous les galbes. Au fil de vos défilés, au gré de vos boutiques, on apprit à vous connaître, à vous aimer, à repérer vos petits penchants. Alaïa, c'était le sexy, le glamour, les « indispensables petites robes noires », les baleines ou les gaines. Montana, le cuir estampillé couture. Mugler, le colossal ou le spectaculaire, le théâtral ou les carrures géantes. Lacroix, tard venu, mais sitôt adulé, à cheval entre la création et la Haute, affectionnait le baroque et l'espagnolade, les Carmencitas et les Arlésiennes. Et Gaultier enfin, enfant chéri, prince du *fun*, capitaine

16

Fracasse du bon goût moribond, donnait dans le détourné le plus astucieux. On se souvient que grâce à lui les garçons eurent enfin des jupes et des collants (ça fait deux siècles qu'on attendait ça). Et les filles portaient, là où leur mère mettait des pigeonnants, d'immenses seins métalliques et vrillés, posés sur la robe, flatteurs pour la ligne, mais gênants, le soir, pour les cha-chas du Balajo. (« Excuse chérie, mais je crois que ma chemise est restée accrochée au portemanteau que tu t'es mis en soutien-gorge. »)

La presse s'extasiait à l'unisson. Même les *news magazines* instruisaient leurs lecteurs de longs articles pédagogiques pour que la France entière communie à vos trouvailles. On se ravissait, année après année, à toutes vos collections. De couverture de *Marie-Claire* en couverture de *Dépêche Mode*, on retrouvait les mêmes étoles vert olive de Yamamoto, la même robe *trench* d'Alaïa. Et dociles, nous nous pâmions à toutes vos facéties. Un jour Gaultier décide d'habiller Yvette Horner. C'est trop drôle, on s'en gondole encore. Un autre, c'est une veille de réveillon, le même gamin terrible envoie à toutes les rédactions des dindes vivantes. C'est charmant : « Allô ma chérie ? Bon, j'arrive à ta soirée avec une vraie dinde ! — Qui ? Ta belle-sœur ? Non, non, une vraie de vraie, c'est un cadeau de Jean Pôôl. » Mais que faisait la SPA ?

La SPA avait d'autres pauvres bêtes à fouetter. Ce culte, en effet, ne pouvait aller sans ses martyrs et ses fanatiques, Apôtres du *total look*, on les voyait débouler au café Costes habillés en queue de peloton de la Flèche wallonne le jour où Gaultier, toujours lui, avait décrété la mode cycliste (tout en lycra), ou en robe de bure, pour singer les couventines de Chantal Thomass. On les appela les *fashion victims*. C'étaient eux qui frisaient l'infarctus le jour où ils découvraient qu'Alaïa avait des projets avec les Trois Suisses. Eux qui eussent tué père et mère pour se faufiler dans les tentes bénies dressées dans la grande cour carrée du Louvre, pour les « collections » de la saison prochaine. Eux qui allongeaient huit cents francs pour un tee-shirt en coton blanc marqué Yohji (en petit). Eux qui n'avaient pas compris, les malheureux, une règle pourtant simple : la mode peut être quelque chose dont on glose, dont on disserte, dont on s'enivre (« C'est vrai, Mugler, c'est sublime »). Mais surtout, surtout pas quelque chose que l'on porte (« Vous n'y songez pas, je suis toujours en Lacoste »).

TROISIÈME POINT :
LE RETOUR DES CLASSIQUES

Personne, franchement, n'aurait l'idée d'aller s'habiller chez un créateur. D'abord, c'est hors de prix. Ensuite, c'est très désagréable, quand on sort fièrement avec sa nouvelle petite guêpière en vison teint (à 17 000 F), de voir dans la rue les enfants vous montrer du doigt en gloussant (ces sales morveux n'ont aucun goût). Enfin, après ces années d'« éclatement du look », après avoir tant vanté la « merveilleuse liberté d'inspiration » des créateurs, on ne savait plus où donner de la garde-robe. On tentait la robe à vertugadin en chintz, les cuissardes en rayonne métallisée. Horreur ! ça ne se faisait plus depuis au moins deux semaines. Bref, la route était toute tracée pour imposer un prudent repli vers les valeurs sûres. Avec un *twin-set* en cachemire camel, au moins, on ne peut pas se tromper, ça va avec tout. D'autant que la période surfait tout entière sur une vague propice de « néo-bourgeoisisme ». Glacés par des années de dépression, on se retrouva un goût pour la chaleur du bon vieux tweed (Old England). Comme l'écrivit *Globe*, avec un rare sens de l'élégance (morale) : « La meilleure façon de masquer la crise, c'est de la recouvrir d'un carré Hermès. »

L'heure de gloire du *Figaro-Madame* était enfin arrivée : on sombrait dans le bécébégisme triomphant. C'était la revanche du loden sur le lycra. Les mamans catéchistes et les pensionnaires du couvent des Oiseaux pouvaient enfin sortir du placard et enfoncer du bout de

18

leur mocassin Céline les préjugés de naguère : miracle !
elles étaient à la mode.

Trop content d'abandonner enfin le casse-tête chinois
des créateurs japonais, le monde des magazines tout
entier suivit leurs traces à talon plat. Désormais, le
temps serait à l'élégance, au classique, à l'intemporel et
à l'indémodable, opposés précisément à la fragilité des
modes (c'est vulgaire). Les revues de mode déclinent à
l'infini leurs « indémodables », leurs « incontour-
nables », leurs « essentiels », leurs « basiques », leurs
« casual ». Les petits tailleurs Givenchy d'Audrey Hep-
burn, les cardigans-collier de perles de Grace Kelly, la
garde-robe entière de la duchesse de Windsor, grandes
niaises devant l'Éternel féminin, et glaçons avérés au
hit-parade de la sensualité, arrivèrent au top-modèle du
chic. L'édition s'y mit. Les BCBG eurent leur guide. Les
hommes leur manuel d'élégance (Tatiana Tolstoï) ou
leur petit essai sur les *250 Manières de nouer sa cravate*.

Évidemment, un petit nombre de marques en profi-
tèrent pour se faire les griffes sur le dos des milliers de
nouvelles victimes qui suivaient cette *select* tendance.
Lacoste continue à répandre assez de crocodiles au
centimètre carré d'agence de pub pour repeupler toute
l'Afrique équatoriale. Les Burberrys, les Arthur et Fox,
Burlington (les chaussettes qui tombent le plus cher du
monde) Aquascutum et autre Church, bref tout ce qui
sonne british reste au panthéon du savoir-vêtir. Tout ce
qui *sonne* british, sans l'être forcément, bien sûr : doit-on
répéter perfidement que Weston est une sous-marque
d'André ?

Le vieux « savoir-faire français » lui aussi, avec son
pool du luxe, ses Chanel, Dior, Hermès, et YSL s'en met
plein les pochettes. Il profite même de ce grand vent de
folie qui le porte, pour se redonner, à travers quelques
campagnes de communication, un petit look fripon,
presque « branché », quoi. Chanel ose carrément le
mauvais genre en lançant des tee-shirts marqués à son
n° 5, ce qui fait un peu Sentier, mais sauve son standing
grâce au prix : mille francs le tricot de peau. On voit dans

les magazines la grande Inès, toujours elle, acheter sa baguette, ou repeindre son appartement dans le fameux tailleur qu'on ne connaissait qu'à Simone Veil. Hermès lance des Kelly asymétriques et sort un slogan à castagnettes : « Chic à chic aïe aïe aïe. » Arielle Dombasle fait les pubs Céline. Et les mannequins de Christian Dior s'envoient à la tête des fauteuils Louis XVI.

Quelques outsiders continuent à avoir la cote (de mailles). Agnès B., par exemple, réussit à capter une clientèle un peu aux marges du bécébégisme (plus presse-pub que femme de cadre supérieur chez Neuflize-Schlumberger) grâce à une image tellement *décoincée*. Dieu sait pourquoi d'ailleurs. Tout ce que cette jolie bas-bleu a jamais réussi à décoincer dans la vie, ce sont les pressions de son fameux cardigan.

Bref, on baigne dans le bonheur, on nage dans la soie des vraies valeurs retrouvées. Marie-Claire Pauwels, rédactrice en chef de *Madame-Figaro* est aux anges : « Que le bécébégisme fasse de plus en plus d'adeptes, en cette période incertaine, me paraît rassurant. » Nos tailleurs sont riches. Le bon goût est de retour. Et les malheureux qui s'essayent à acheter du même coup le *trench* Burberry's, le sac Kelly, le carré Hermès, le col roulé Scapa of Scotland, plus l'imper à manches raglans (« Chez Burberrys aussi, mais on n'a pas osé demander un prix pour les deux »), les Lobb (avec quelques *socks* en fil d'Écosse, très simples), les boutons de manchette du Cor de Chasse, le costume laine et soie et la pochette de chez Charvet, s'aperçoivent, devant le découvert bancaire qui résulte de ce petit shopping, qu'il ne leur reste qu'à aller vivre en pagne au Burkina Faso jusqu'à la retraite.

DERNIER POINT (DE CÔTÉ)

La critique est aisée, direz-vous, chers lecteurs. Et l'on saisit déjà votre doute frileux : « Vous avez chiffonné le chiffon, mis une veste aux créateurs, et taillé un short à l'odieux bébébégisme, mais ça n'est pas ça qui va nous habiller pour l'hiver prochain. » La remarque est excellente. On se demande, nous aussi, où l'on va bien pouvoir se refaire le vestiaire. Évidemment la « tendance » la plus facile à dépister à l'aube des années quatre-vingt-dix, c'est celle qui viendra en réaction franche et virulente avec tout ce que l'on a connu jusqu'alors. Les boutiques jadis étaient glaciales comme des vendeurs de chez Gaultier, *high tech* du lino au néon, et grandes comme des supermarchés Leclerc. Fort bien : c'est parti pour le petit, le cosy, les étagères en bois blond pour enterrer celles en faux marbre, et la convivialité, pour en finir avec l'ère des boutiquiers aimables comme des guichetiers de la Sécurité sociale. On sent, ici et là, la pratique se développer. Nathalie Garçon, jeune créatrice, ouvre une boutique « grande comme une cabine d'essayage » s'extasie *City*, « où il ne peut y avoir qu'une cliente à la fois ». Sybilla, styliste espagnole en vogue, décore sa boutique comme un appartement. *Autour du Monde* vend ses pantalons de toile écrue dans un joyeux bric-à-brac de bestioles empaillées et d'objets coloniaux. Il y a déjà quelques magasins où l'on achète son chemisier en prenant le thé avec la vendeuse.

Autre élément : après l'époque des touche-à-tout, de ceux qui vous habillent du bigoudi (300 F pièce) au vernis à ongles, on retrouve le goût de la spécialisation. De-ci, de-là, en ville, s'installent de petits commerces qui ne font *que* du collant ou du ruban ou de la lingerie. Les jeunes femmes vraiment chics achètent leur parfum chez Guerlain, exclusivement, en boudant les produits de soins et de maquillage, ou leur poudre chez Caron, en boudant les parfums. C'est le grand retour des modistes : Philippe Model ou Marie Mercié réinventent le bibi. Et l'on va fleurir de soie ses revers ou ses bérets chez Trousselier, l'unique.

On peut, à l'extrême limite, profiter un peu de ce mouvement tant qu'il est encore naissant. Mais méfiance : souvenons-nous comme les jeunes créateurs nous paraissaient sympathiques quand ils commençaient à marcher dans les plates-bandes de la Haute Couture. La petite-boutique-conviviale-où-on-discute-entre-copines, aujourd'hui, c'est « tellement adorable ». Demain on s'apercevra peut-être qu'un thé — plus deux biscuits (et c'est encore râpé pour la taille 38) — plus une conversation avec la vendeuse — plus trois quarts d'heure pour attendre que la cliente d'avant ait terminé —, c'est quand même un peu *too much* pour acheter une paire de chaussettes.

On a beau tourner et retourner nos suggestions dans notre dé à coudre, on se dit encore que la meilleure solution est dans le retour au bon vieux *do-it-yourself*. L'idée nous a jailli, soudaine comme un faux pli sous un fer à vapeur, un samedi matin. Parce que le samedi matin, voyez-vous, quand la multitude se bouscule aux soldes de chez Kenzo, nous on va chez M. Albert, rue Saint-Denis : c'est notre prof de couture. Le monde sort son carnet de chèques, nous on sort nos machines Singer. Déjà certains avant-gardistes ont senti le mouvement. Dans quelques dîners, on cause mercerie. Régine Desforges, qui n'a jamais été du genre à faire tapisserie au grand bal de la modernité, n'écrit plus désormais que des manuels de point de croix. Depuis des siècles, on nous prédit « la fin des uniformes ». N'arrivera-t-elle pas enfin quand chacun se troussera personnellement et littéralement son propre *look* ? A vouloir nous coudre à tous les caprices de leur imagination débrodée, les stylistes ont fini par nous atteindre les nerfs. Ce temps est révolu : désormais, on ne laissera plus personne nous piquer nos aiguilles. Il faut savoir appeler un chas, un chas.

les bifidus :

DE L'ALIMENTATION

UNE PÉRIODE TRÈS *FAST*

LE vendredi 9 septembre 1977 est une date fondatrice. Ce jour-là, Andy Warhol, roi de l'*underground*, accorde à feu Alain Pacadis, roi de la nuit, une interview définitive.
Alain PACADIS. — Et quand tu vas dîner, quel est ton plat préféré?
A. WARHOL. — Les MacDonald's.
A. PACADIS. — Ils en ont ouvert quatre ou cinq à Paris. Je trouve aussi que ce sont des endroits où la nourriture est divine...

Tout est dit. Voilà la tendance des années quatre-vingt qui se prépare. Le *fast food* épouse à merveille la branchitude naissante. C'est chic, urbain et rock'n roll, bref, c'est moderne. On passe ses après-midi à se faire blêmir sous des néons blafards et on se taille le bout de gras devant des frites huileuses et des biftecks hachés lipidiques. C'est divin. On y va au saut du lit, en fin d'après-midi, vers 5 heures, et on y retourne juste avant les Bains-Douches. On part en vacances à Londres, Barcelone ou New York pour épater la galerie au retour: « C'est génial, les *supercheese* ont le même goût qu'ici. » On se bat pour avoir des jobs d'été dans les *fast*, rien que pour pouvoir porter l'uniforme: parce que franchement, les casquettes en velours côtelé marron et les chemisiers orange, probablement inventés un soir d'ivresse par un admirateur texan de Courrèges, dans les *parties*[1], ça jette.

Plus rien, vraiment, n'est pareil. Avant, à midi, on s'avalait sur le coin d'un zinc un Paris-beurre double face cornichons avec une fraîche, une. Tout d'un coup, cette vieille habitude a vécu. Désormais, on s'enfile un *double cheese whopper* avec un *sundae fraise medium size*, ce qui est bigrement plus moderne. Les années quatre-vingt en France accouchent d'un bouleversement culinaire : le *fast food* (en français, rapide nourriture). Quoique la langue de Molière et de Brillat-Savarin, dans l'histoire, en prenne pour son grade, il ne s'agit pas d'une simple révolution linguistique : il s'agit d'une véritable révolution de palais.

Hier, tout était dur : le pain des sandwiches, le *hard-rock,* le *hard-core.* Dans la trace du hamburger, tout mollit : le *soft-ware* (prononcer logiciel), la *soft-idéologie* (en français Laurent Fabius) et la *soft-bouffe* (en français : MacDonald's).

Imposer le mou, au début, n'a pas été simple. Dans la patrie du veau Marengo, de Raymond Oliver et des fiches cuisine de *Elle,* voir les Américains faire la loi sur ce qu'on mange, c'était difficile à avaler. D'ailleurs il existait, à l'époque, un véritable parti des allergiques formels et déterminés, la longue troupe de ceux qui préféraient se suicider à coup d'œuf mayonnaise plutôt que de toucher à une frite conçue par un Yankee. Les parents frisaient l'apoplexie : « Mon pauvre poulet, tu vas te rendre malade. » Certains, plus subtils, ne pouvant s'opposer de face, attaquèrent par la latérale. Franquette, par exemple, dès les premiers outrages de l'invasion américaine, voulut récupérer le *fast food,* mais en l'adaptant aux petits plats « bien de chez nous » : elle proposa des demi-baguettes fourrées au bourguignon industriel. On imagine la facilité avec laquelle ça se déguste. On ignore si l'entreprise était sponsorisée par le lobby des teinturiers. Toujours est-il qu'elle capota rapidement.

Il en est d'autres qui luttèrent sur le front de la défense

1. Mot anglais signifiant : soirées.

de la langue, afin qu'au moins un dernier vestige de la « francité » surnageât dans ce naufrage au ketchup. Philippe de Saint-Robert, lors haut-commissaire à la langue française, voulait que l'on remplaçât *milk-shake* par « mouslait », ce qui est assez poétique. L'ennui, c'est qu'il fallait trouver des équivalents pour tout ce qu'on s'ingurgite avant le « mouslait ». Pour le basique « hambourgeois », passe. « Fromage bourgeois », pour *cheeseburger* est exotique. *Big Mac* est plus ennuyeux : on a, littéralement, « grand proxénète » qui est un peu pompeux ou « gros Julot » qui est plus populaire. Mais enfin, tout ça est assez peu vendeur. Et de toute façon, dans un endroit où il n'y a rien à mastiquer, on ne voit pas pourquoi on devrait mâcher ses mots.

Le seul véritable ennui pour les *addicts* dans cette nourriture-là, c'était son hygiène irréprochable. Dès 1980, *50 millions de consommateurs* avait pondu une enquête alarmiste commençant par ces mots consternants : « Pas de staphylocoques. Pas de salmonelles. » Enfonçant le clou un peu plus loin : « Les *fast food*, c'est *clean*. » Pas de perspective de petite intoxe, pas le moindre espoir d'une indigestion pourtant très *fun*. Ça, c'était carrément tuant. Mais après tout, il suffisait d'aller manger sans se laver les mains. Et puis le MacDo se rattrapait par son avantage suprême : douceâtre, gras, mou, lourd, écœurant, il était *bon*.

Il était tellement bon, d'ailleurs, qu'on ne se contentait pas d'en manger en ville, on l'importait à la maison. Couper les oignons, les cornichons, les tomates, la viande, comme dans la pub pour Burger King, *at home*, était éclatant. Puis on s'est mis à utiliser le « principe » du *fast food* : on appelait ça la *junk food*.

A l'époque, on sortait juste de la décennie baba. On avait dix ans de galettes au pilpil, de Vie Claire, de macrobiotique et de graines de soja à rattraper. Du coup, on expiait toutes ces horreurs en avalant sans distinction tout ce qui était chimique, industriel, malaxé, trituré, bouilli, bref, « ré-gre-ssif ». Le Bolino, avec sa fameuse brandade de morue déshydratée reconstituée en trois minutes à l'eau chaude était un *must* absolu. La Vache qui Rit en tube un incontournable. On poussait le luxe jusqu'à masticoter un bout de bidoche de temps à autre mais alors, si possible, une viande blanche, bien fade et mûrie aux hormones. On arrosait des pizzas surgelées de Fanta citron. Quelques esthètes, paraît-il, poussaient le raffinement jusqu'à préparer leur Nescafé à l'eau du radiateur.

Mais au bout d'un moment, les cocktails de poisson pané et les grillados oignons-poivrons arrosés au milkshake choco, commencèrent à peser sur l'estomac. D'autant que dans le même temps, les *fast food* n'avaient pas le bon goût de péricliter. Non, l'horreur : ils proliféraient. C'était l'explosion. En 1972, on avait installé un petit MacDo expérimental à Créteil. En 1984, il y avait déjà en France 29 Quick, 25 Freetime, 18 O'Kitch... C'était devenu un mouvement de masse : ça ne pouvait plus être un mouvement de mode. Les employés de bureau trouvaient ça pratique. Les parents y allaient, surtout le mercredi, pour voir les fripounets jouer avec le clown Ronald Mac-Donald, animateur attitré. Autant dire que ça n'avait plus le moindre intérêt.

Et puis il paraît que les MacDo ont pris un sale penchant. Ils font des salades crudités, du jambon blanc, des *Popeye-burger* aux épinards, de la bouffe saine, quoi. Encore un ou deux ans, on y trouvera des légumes verts cuits à la vapeur. Le monde est déprimant.

DES AIGUILLETTES DE PORC ET AUTRES TRAVERS

Évidemment, personne n'ira croire qu'il y a sept ou huit ans, tout le monde, absolument, ne se nourrissait que dans les *fast food*. Pendant que les *dindokitch* et les *supercheese* conquéraient de jeunes mâchoires, une autre tendance, à l'opposé, continuait son petit bonhomme de chemin parfumé au basilic, sur la crête fragile des goujonettes de sole à la vapeur d'algues et de la poularde aux truffes fraîches : *la nouvelle cuisine*.

Fille d'années soixante-dix où tout était nouveau, les philosophes, les pères (sauf les pauvres, inventés plus tard), la nouvelle cuisine, dans les casseroles expertes des Michel Guérard ou des Alain Senderens, s'était bâti une doctrine sur des principes spartiates. Peu de cuisson pour préserver le goût ; des produits du marché en papillote ou à la vapeur ; l'art de la présentation, de la disposition, des assortiments de couleurs : on connaît la recette. On connaît aussi le grand défaut du genre, souvent raillé : dans la nouvelle cuisine, les cartes sont de qualité, mais pour les quantités, c'est plutôt menu. Mais normalement, quand on sort de chez un vrai maître, on peut noyer la petite faim qui tenaille le creux de l'estomac dans le souvenir émerveillé des kyrielles de saveurs inconnues jusqu'alors.

L'ennui, c'est qu'au début de cette décennie, on n'en était déjà plus à la découverte, créative et sophistiquée, de la *nouvelle cuisine*, on entrait dans l'ère de sa vulgarisation. On ne pouvait plus trouver une gargote à prétention branchée qui ne vous fasse mariner, dans un décor design, et dans l'aneth, jusqu'au plus innocent morceau de saumon (cru). C'était le règne du chichiteux, du coincé, de l'anti-convivial, le tout pour des recettes qui sont à peu près à Paul Bocuse ce que les Gipsy Kings sont au *flamenco puro*. On ne trouvait plus, brusquement, les magrets de canard bons ou mauvais, on les trouvait, tout court, en émincés neurasthéniques, planqués sous leur chiffonnade d'épinards crus à la menthe fraîche. On a essayé l'un après l'autre tous ces petits *gimmicks* culinaires, *must* d'un moment que l'on nous collait à toutes les sauces : on a connu les trois poivres, puis les kiwi-rondelles, les coulis de fruits rouges, le vinaigre aromatisé, et les huiles à la noix, ou aux pépins de raisin.

Suprême raffinement, même les plats les plus ancrés dans nos mœurs gustatives se sont vu lâchement détournés : les rillettes étaient de thon, le pot-au-feu… de canard, la choucroute… de poisson ; et le parmentier d'agneau.

Évidemment, suivant en cela le changement des plats eux-mêmes, leurs noms se sont mis à changer aussi. C'est vrai, l'emphase linguistique des menus est une vieille habitude. Les cartes des repas de communion ont toujours distillé cette suave poésie qui veut que le bifteck soit un « pavé de Charolais » et la salade le « délice de l'escargot ». Mais l'invasion des coulis, des marinades et des aiguillettes n'a rien arrangé. On nous permettra de citer, comme comble du genre, la carte de Oh Poivrier !, chaîne de sandwiches améliorés (prononcer : Poilâââne toasté) qui, depuis quelques années a essaimé ses néons gris perle et sa branchitude industrielle aux quatre coins de Paris. Là, on peut se faire sur le pouce une « Impatience capucine » (terrine de légumes au fromage blanc), une « Diagonale indigo » (rosbif) ou une « Oblique amarante » (pontl'évêque, brie et cantal). C'est beau comme une chanson de Barbara. Tout de suite c'est chic, distingué et tellement plus conceptuel. « Chéri, coupe-moi encore une tranche de Diagonale indigo. » On dira, il n'y a pas de quoi en faire une oblique amarante. Nous, on vous répond franchement : devant ces trajectoires complètement givrées, ça fait longtemps qu'on a pris la tangente.

Les malins, les sensés, ceux qui ont l'estomac bien calé sur les épaules, se diront sans doute qu'un tel assaut de chichis cul-cul-linaires a dû faire les choux gras des William Saurin et autres Saupiquet. Entre deux fourchetées de fondue de poireaux en portion pour anorexique, n'importe qui serait allé s'ouvrir une bonne boîte de cassoulet, en douce, dans les vécés. Eh bien non. L'inconséquence humaine est ainsi faite. On a même vu la sous-nouvelle-cuisine se développer jusque dans les foyers.

On a assisté aux débarquements successifs, sur nos tables familiales, du taboulé, du tarama, du chèvre chaud et de la salade aux foies de volaille et aux gésiers confits. Et brusquement, en se retournant sur cette décennie, on s'aperçoit les larmes aux yeux que le hareng pommes-à-l'huile et le gnocchi gratiné ont sombré dans un passé révolu, quelque part, entre les ortolans de Napoléon III et les rôts de Louis XIV.

Notre quotidien le plus intime a été touché par cette vague moderniste. Quelle ménagère dit encore cette phrase pivot des déjeuners dominicaux : « Mince, le poulet est pas cuit » ? Non, crânement, maintenant, elle impose : « Je vous l'ai fait rose à l'arête. » Et les nouilles caoutchouteuses, au rendez-vous attitré des lendemains de week-end et des fins de mois, sont devenues « des pâtes fraîches *al dente* ». On vit une époque formidable.

Mais grâce au Ciel, une poignée de ventres de raison ont fini par en avoir ras le bol alimentaire de ces niaiseries. Après la pluie des plats mesquins, on en revient enfin au beau temps de la tradition retrouvée.

Les lignes de produits surgelés ou de conserves semi-fraîches donnent dans la « Nouvelle Tradition » (Findus), les « Marmitades » (Marie), les « Mitonnés » (Fleury-Michon), ce qui est assez rassurant. Mieux, la *Pur'Soup* et autres potages en brick longue conservation (à vitamines garanties) font un tabac. Ce qui permet, à peu de frais et sans trop s'épuiser, d'organiser les dîners les plus chics dont on sait bien qu'ils se résument toujours à cette phrase : « Venez mardi, j'ai fait une poireaux-pommes de terre. »

ALLÈGE BLAISE

On ne dira jamais assez de bien de Véronique et Davina. On se souvient que ces deux Françaises épigones de l'Internationale Jane Fonda avaient entrepris, tous les dimanches matin, à l'heure des bigoudis, d'amener à domicile les joies saines de l'aérobic. C'était épatant. L'émission passait en même temps que *le Jour du Seigneur* sur la Une. On pouvait, d'un même zapping, se surveiller l'âme et le taux de cholestérol. Et la France brusquement se regarda les bourrelets, les bouées de sauvetage latérales, les culottes de cheval en rêvant de se trouver un corps de Jane fondue.

La nouvelle religion, c'était la « for-me ». Attention, il ne faudrait pas confondre la forme et la ligne.

La ligne, elle, est une vieille histoire. Depuis des lustres, on s'esquintait l'appétit à essayer désespérément de ressembler à un Bernard Buffet (moins la trace noire tout autour, assez difficile à obtenir naturellement), ou à Twiggy, grande vache maigre par excellence et mannequin vedette des années soixante. On faisait des « régimes » : le régime de l'anorexique (à midi deux feuilles de salade, ce soir deux pépins de pomme), le régime « Mayo » (ça ne s'invente pas), le régime miracle (« Je connais une amie, elle a perdu quinze kilos en deux jours »). L'invitation au restaurant devenait héroïque : (« Eh ben en entrée, je vais prendre un pamplemousse, en plat une banane ; et en dessert un ananas, mais alors sans Chantilly. ») Ou d'une poésie exacerbée : « Excusez-moi, je vais prendre mon coupe-faim et je reviens. » L'effet sanitaire était assuré : en trois mois, on n'a plus de dents, en quatre, plus de règles, en cinq, plus d'estomac et l'affaire est entendue.

Non, la forme, arrivée en même temps que le mitterrandisme ou peut-être, pour être précis, juste à la sortie de l'état de graisse, a consacré au contraire un nouveau régime. Désormais : l'important, c'est-la-santé !

Tout le monde fait assaut de vitamines. Les menus de restaurants ressemblent à une page de manuel de sciences nat. Entre deux plantes vertes et deux pages de *Vital*, dans la *cafète* de l'entrée du squash, on s'avale des salades composites, des *proteine queen*, des *special chlorophylle* ou des *super minerals*. On est obsédé par l'ultra-frais. Et le marché mute. La conserve, peu à peu, se renferme dans son ghetto à l'étuvée. Le surgelé inspire moins confiance. On commence à s'emballer pour le sous-vide. Cette « quatrième gamme » fait sonner ses premières harmonies. La première représentait le frais, la deuxième la boîte, la troisième le grand froid. La dernière arrive à point nommé dans les sacs plastique à l'azote de l'industrie agro-alimentaire. C'est pratique, rassurant : on ouvre son sachet, et on n'a qu'à verser sa Mayoline allégée directement sur une batavia prête à l'emploi. C'est formidable, on n'a plus besoin d'arroser la concierge en secouant le panier par la fenêtre de la cuisine. Et puis de toute façon, pour se faire les biscotos, désormais, il y a les séances de muscu des

Gymnase Club. Les producteurs, qui ne sont jamais en retard d'un forfait, ont sorti, derrière les feuilles novatrices de la salade sous-vide, une multitude de produits râpés, tranchés, lavés qui simplifient la vie et multiplient les prix par vingt.

Désormais, on n'a plus besoin, pour ne pas grossir, de choisir ce qu'on mange. Ce sont les produits eux-mêmes qui s'allègent. On connaît depuis longtemps le fameux signe « 0 % de MG », tant prisé de ceux qui, pour s'avaler en conscience le cassoulet au confit, consentent au dégraissage quand ils arrivent au fromage blanc. On ne jure plus que par Sveltesse, Sylphide, Taillefine, qui sont, par leur nom seul, tout un programme minceur. Mais le mouvement ne s'est pas limité aux produits laitiers. Dans ces années qui firent du futile une religion, on s'est mis à tout prendre à la légère. Les surgelés sont passés sans transition de la crêpe-fourrée-jambon-sauce-blanche au « haddock au chou moins de 300 calories ».

Dernier-né de la génération : le sucre sans sucre, bref, l'édulcorant de synthèse. En 1988 enfin, les députés, pris depuis des lustres entre le double feu de leur diabète naissant et le puissant lobby des betteraviers, se sont décidés à sucrer de la législation tout ce qui faisait obstacle aux sucrettes, saccharines et autres Aspartam. Du coup, l'agro-alimentaire, qui a du *sweet* dans les idées, a jeté sur le marché des tombereaux entiers de produits doux et sans calories : ça débarque dans les confitures, ça frise déjà la pâtisserie, ça coule de source dans les boissons, du *diet Coke* à l'*Orangina light*.

Même les produits à l'abri de tout soupçon, ceux dont on eût juré qu'ils étaient irrémédiablement acquis à la cause lipidique, se convertissent à l'ennemi. Il paraît que les charcutiers eux-mêmes se lancent sur la pente du sans-gras. Quelle misère. Caby a créé des Sauciroller de dinde, Fleury-Michon, dont le nom seul fleurait bon le cholestérol, a lancé une gamme qui s'appelle Mincerelle.

Bref, entre la bière sans alcool, les cigarettes sans tabac, les cocas sans sucre, les vinaigrettes sans huile et même (on ne l'a pas encore goûté) le Canigou allégé, on en finirait par manger sans appétit. C'est simple, d'ailleurs, poussé par la déprime, on sent qu'on va aller se suicider à la perfusion de glucose et se tremper dans un grand bain d'huile de colza.

OÙ IL Y A DE LA ZEN ET DU PLAISIR

A l'aube de ces années quatre-vingt-dix qui arrivent à grands plats, la tendance que l'on flaire dans les garde-manger, les frigos et sur les rayons des supermarchés surprendra peut-être. Voici venir le temps du *néo-baba*.

A ce mot seul, on en voit déjà, avec leurs gros sabots suédois, qui accordent leur guitare folk et époussettent leur gilet en moumoute. Allons. Un peu de tenue. On a dit *néo-baba* (en anglais : *new age*). Ce que nous mitonnent les *nineties*, en fait, c'est un certain retour aux valeurs qui faisaient florès au temps du « macrobiotique » mais revues et corrigées par dix ans de branchitude et de *high-technology* dans l'industrie agro-alimentaire. Désormais, on n'a plus besoin de commander ses céréales « naturelles » à son copain de promo de l'ENA qui a fait son retour dans l'Ardèche, on les trouve en barres ou en Crüesli sur les linéaires de Monoprix.

La publicité illustre bien cette soif de terre et de campagne, cette folie d'hyper-naturel : Gervillage montre pendant trente secondes un cadre stressé-déprimé-écrasé dans un métro un jour de grève des bus, tandis que la bande-son fredonne *Couchés dans le foin*. « Chambourcy, oh oui », a « faim de nature ». Dans la même lignée post-écolo, Gervais affirme, péremptoire : « Gervais c'est vital, j'en ai besoin. » A quand *le carré frais* remboursé par la Sécurité sociale ? Le summum du genre a été atteint au printemps 1988 : « La nature. Gorgée de vie. Vibrante, épanouie. Chaque être vivant y a ses rites, ses rythmes, immuables depuis la nuit des temps… » Ce n'est pas la première page du *Apprenons la méditation transcendantale* en Marabout Flash. C'est une publicité pour Vittel. Toute une époque.

Les eaux minérales sont d'ailleurs, en règle générale, un exemple assez pétillant des nouvelles mentalités.

La punkitude marchait à la Kro en pack de vingt-quatre, les branchés tastaient du bordeaux frais et du sancerre rouge. Aujourd'hui, tout le monde carbure à la Badoit.

L'eau minérale, pourtant, revient de loin. La carafe d'eau, au restaurant, classait définitivement dans la catégorie des pingres, ou de ceux qui tirent le diable par l'aqueux. La Vichy rappelait des souvenirs fâcheux. Ou bien elle connotait son hépatique, ce qui est assez peu sexy. Désormais, l'eau s'est purifiée de tous ces préjugés idiots. Elle charrie dans son grand fleuve tranquille la synthèse des courants précédents. La lame de « forme » précédemment évoquée plonge à merveille dans cette boisson pure et salubre. Les néo-babas, qui ont perdu le côté pisse-froid des antiques écolos, savent jouer de tous les raffinements de la palette aquatique. On commande de la SPA, qui vient de Belgique, ou de l'Apollinaris, qui contrairement à ce qu'indique son patronyme, n'est pas puisée dans la Seine, juste sous le pont Mirabeau, mais quelque part en Allemagne. C'est européen, c'est chic. Les esthètes s'extasient sur le gazeux discret de « la Ferrugineuse Incomparable » qui vient de Vals-les-Bains. Et le marché offre aux papilles encore trop neuves pour ces plaisirs subtils des tonneaux entiers d'eaux minérales aromatisées, relevées aux essences de fruit, au pamplemousse, au citron, ou à la feuille de menthe.

Le retour aux sources dépasse de loin les eaux. On a, désormais, l'harmonie intérieure à toutes les têtes de gondole.

Jadis le zen était une philosophie, noble et orientale. Aujourd'hui, c'est une ligne de yaourts, qu'on vend en paquets de douze, enrichis au magnésium et aux vitamines. Grâce à Dieu, Lanza del Vasto n'aura pas connu ça.

La véritable révolution alimentaire des années quatre-vingt-dix s'est annoncée en effet, il y a quelques années déjà, sur les murs de Paris. Une coopérative laitière ingénieuse lançait une gigantesque campagne d'affichage portant ce slogan mystérieux : « BA Libérez votre corps. » On a cru, d'abord, à un message de promotion pour les scouts de France. Mais le côté « libérez votre corps » était un peu trop douteux pour les patrouilles en culottes courtes. On a compris plus tard qu'il s'agissait de Bifidus Actif, petite bête futée, sortie droit, paraît-il, d'un laboratoire japonais et qui devait devenir rapidement la vedette incontestée de nos crémeries, le vrai héros de notre temps. Bifidus Actif, ces mots seuls, dans leur mystère sacré, résument les années à venir. BA, à ses débuts, est resté volontairement pudique sur sa fonction essentielle. Puis ses concurrents, plus audacieux, levèrent peu à peu le voile. BIO s'est lancé sur cette trace en s'exclamant : « Ce qu'il fait à l'intérieur se voit à l'extérieur. » Un autre fut plus précis encore : « Y'en a marre des coincés. » Voilà. Comme les années quatre-vingt ne s'intéressaient qu'au *look*, la nouvelle génération alimentaire revient enfin aux vrais problèmes en plongeant au plus profond de nos entrailles, bien loin derrière le nombril, quelque part dans les douze mètres de méandres annelés qui assurent la paix intérieure.

Tout concorde désormais. Les légumes verts (que l'on vante à longueur de fibres), les Wasa et les All Bran. Plus une publicité qui n'en fasse mention. Même Allifloc (« Floc! Floc! »), gamme de produits canins, propose des céréales qui assurent à nos compagnons à quatre pattes des digestions sereines. On a vu, pendant dix ans, la vie par le petit bout de la lorgnette, enfin on la prend par le grand bout du côlon. *Sic transit.*

boîte de nuit

DU SORTIR MODERNE

LE RÉGIME DES *PARTIES*

JADIS, le samedi, parfois, était jour de boum. On allait chez Tony Vandernase parce qu'il avait un grand garage et des parents qui, de l'avis général, étaient « super sympas ». Son père sortait la 404 et allait la garer le long du trottoir, puis il s'enfermait dans son salon pour regarder *Chapeau melon et Bottes de cuir* à la télé en affectant la plus grande indifférence sur ce qui pouvait se passer dans son sous-sol. Et sa mère acceptait même, ces semaines-là, de repousser la lessive hebdomadaire au lundi. Comme ça on avait tout le garage à nous, jusqu'à la petite pièce qui servait de buanderie. Il faut dire que la première fois, pour les quatorze ans de Tony, elle avait oublié de dépendre le linge, et que M. Vandernase avait dû porter pendant une semaine des slips avec des taches de Coca-Cola.

Bref, on arrivait vers quatre heures, sur notre trente et un et sur nos mobylettes. Les garçons amenaient les boissons, les filles amenaient les gâteaux. Comme disait finement Kéké, le philosophe de la classe : « C'est normal que ce soient elles qui amènent les gâteaux, les filles, c'est toutes des tartes. » Enfin, il disait sûrement ça par dépit, parce que la belle Pascale Maertens, la Marilyn de la troisième-huit refusait régulièrement de marcher avec lui.

Bon. Dans le garage, au début, c'était un peu froid. Quelques mesures de Status Quo sortaient du mini-cassette à piles, mais ça ne tentait personne. Puis on s'échauffait peu à peu. A la troisième série de slows, c'était torride. Sur fond de *létitbi* ou de *iésteurday,* on en voyait qui serraient les filles de plus en plus près et Pépète, un grand de seconde, osait même, parfois, en embrasser sur la bouche et avec la langue, en priant le ciel que M. Vandernase n'ait pas la mauvaise idée de descendre à ce moment-là pour chercher des canettes. On rentrait à la maison à des huit heures passées prêt à affronter la tornade parentale parce que dans la vie, les boums, il n'y a pas que ça, il y a aussi le BEPC.

Un ou deux ans après le BEPC, dans la vie, il n'y avait plus seulement les boums, il y avait aussi les boîtes. La première fois, c'était assez impressionnant: heureusement que Pépète était là pour prendre les choses en main, parce que tout seul, on n'aurait jamais osé appuyer sur une sonnette marquée : « Club privé, interdit au moins de dix-huit ans. » On imaginait le pire. Mais on s'aperçut vite, à notre amère déception, qu'à part l'odeur de lessive, c'était pareil que chez Tony, sauf que les gens qui s'embrassent avec la langue sont hors de portée de canette de M. Vandernase. Sous les spots multicolores, on écoutait de la musique soul à rouler par terre. Elle était bien la seule, d'ailleurs, parce que vu le tarif du whisky baby, on carburait tranquillement à un demi panaché par personne et par soir, ce qui laissait toute garantie du côté de l'alcootest. On rentrait à des minuit passé, prêt à affronter l'ouragan parental parce qu'on connaît la chanson. Le lendemain, les bacchanales se terminaient dans les annales du bac.

Quand on débarqua à Paris, à l'aube des années quatre-vingt, les épingles à linge de Mme Vandernase firent place aux épingles à nourrice. La mode était au *punk*. Le fameux, et regretté, Alain — *no future* — Pacadis édictait le nouveau savoir-fête dans son essai *Un jeune homme chic*. Un exemple parmi cent: « Mardi 31: tout Paris est là: 300 punks et Sao Schlumberger en

38

tailleur Givenchy et collier baroque en or. Daniel Templon a installé un distributeur de sorbets aux fruits et offre du vin blanc. Certains punks écrivent : *Hate and War* avec du sorbet sur les murs, d'autres punks vomissent du vin blanc. » La classe. Évidemment, nous n'eûmes pas, nous, le privilège d'appartenir à une bande de fêtards aussi joyeux. Le célèbre *nightclubbing* à la Pacadis était réservé à une élite choisie, à cette engeance supérieure qui pouvait se lever à quatre heures de l'après-midi, passer des soirées entières avec Iggy Pop ou les Stinky Toys, se faire payer des verres par Fabrice Emaer, patron du Palace, et entretenir soigneusement un teint blême et cerné qui faisait, aux terrasses des cafés des Halles, l'admiration de tous. Certes. Mais les nouvelles couleurs de la nuit peintes par ces esthètes du genre finirent par déteindre jusque dans nos HLM. Les boums de l'adolescence avaient définitivement explosé. Désormais, on faisait des *teufs destroy*.

Les règles en étaient simples. La seule difficulté résidait dans le grand round téléphonique du samedi après-midi pour obtenir d'un pote quelconque le plan teuf[1] du soir. Le tout, c'était d'avoir l'adresse. Le fait d'être, ou non, invité, était superfétatoire. Il suffisait ensuite de se pointer (à douze) avec juste un droit d'accès en liquide (une bouteille de gin de chez Ed, l'épicier discount, pour les douze), et après une heure du matin. Pas la peine de saluer l'hôte, de toute façon on ne savait pas qui c'était. Il fallait directement se poster à portée de gosier des réserves de bière, c'est-à-dire à côté de la baignoire. Évidemment, on ne dansait pas (ça fait cave). On s'agglutinait pour échanger des propos nourris aux chips du buffet (de chez Ed également) et au dégoût général de l'existence et de la soirée en particulier : « Putain, c'est glauque ici. » Un seul mot d'ordre, plus on s'ennuie, plus on reste. C'était le fameux « plan incruste ».

On ne le rompait, éventuellement, que pour un dernier tour en boîte, dans ces hangars désaffectés aux murs

1. Celui qui lit cette note est un cave. Une teuf est une fête en verlan, évidemment.

gris métallique et aux néons blafards qu'affectionnait l'époque *new wave*. La boîte, il est vrai, présentait un inconvénient : il est plus difficile de s'y asperger de bière et de se cracher dessus en criant « *destroy! destroy!* » que chez un quidam. Elle présentait également un avantage : il était, si l'on y tenait vraiment, permis d'y danser. On s'agitait donc sur une musique *cold* et répétitive *(tchak poum tchak poum)*, si possible de façon syncopée, quasi robotique, mais surtout, surtout, sans tenir compte du rythme. Ça aurait fait disco. Autant dire l'horreur absolue.

On rentrait (à quatre pattes) à des six heures passées, prêt à affronter, au-dessus du lavabo, un typhon strictement interne, parce que dans la vie, la bière, il n'y a pas que ça, il y a aussi les aigreurs d'estomac.

Enfin, peu à peu, lassé par des parties aussi peu civiles, on en vint à chercher des sorties de secours. La réaction fut franche et brutale. Les teufs étaient glacées ? Les fêtes seraient torrides. Les diverses tribus de la branchitude ne frayaient pas ensemble ? Il fallait tout mélanger. On avait dansé le *dernier pogo à Paris* ? Le chic du chic serait désormais le *cheek to cheek*. La dictature de l'ennui était abolie. On vivrait sous le régime du *fun* et de la sensualité.

Les premiers *funs* allumés furent les funs de brousse. Normal. Où trouver de la chaleur sinon sous des latitudes plus ensoleillées ? C'est Serge Krüger — ex-styliste et noctambule patenté — qui eut le premier l'idée de ne plus laisser les Blacks à part dans la nuit parisienne. On alla, d'abord, chalouper la biguine sous les ventilateurs du Tango. On trouva la meringue à croquer (« C'est formidable, ces gens-là ont le rythme dans le sang »). C'était parti pour l'exotisme. Plus une fête qui n'ait ses rythmes des îles. On nous les servit à toutes les salsas. La bière était remplacée par un mélange de Banga et de rhum à pâtisserie baptisé *punch* et servi si possible dans des bassines en plastique de ménage. Il fallait se payer des séances d'UV hors de prix en février pour faire croire qu'on revenait du carnaval de Trinidad. (« Non, c'est vrai, j'ai pas les bras bronzés. Tu sais là-bas il fait tellement chaud, on peut pas trop s'exposer. ») Rentrer à cinq heures du matin, au mois de février, en pagne, d'une soirée tropicale relevait de l'héroïsme : il fallait le faire, on le fit. On essaya tous les chemins de l'antillo-cubano-brésilio-latino (roussi) dont l'ultime avatar fut cette fameuse mode espagnole dont on nous gonfla les castagnettes pendant au moins deux ans. Toutes les boîtes firent leurs *domingos* (le Bataclan), leurs *noches* (le Palace) avec des sous-marques des Gipsy Kings. La Bastille devenait un *barrio* de Grenade, tout Paris rêvait de *tapas* nocturnes. « On ne s'était jamais autant amusé depuis l'Inquisition », proclamait une pub de *bodega* du IIe arrondissement.

Hanches cambrées, on claquait du talon sans complexe. Sans vraiment réaliser qu'on devait donner un spectacle à peu près équivalent à celui d'un village peul d'Afrique de l'Ouest brusquement converti aux joies du *fest-noz*, avec un *bagad* de Lann Bihoué improvisé à la corne de buffle.

C'était, pour le coup, franchement *fun*. Tant mieux. Après la rude poésie un peu basique du *punk*, l'ironie, le second degré, parallèlement à la mode exotique, devenaient le *top* de la branchitude. Albert et Serge, princes nocturnes, importèrent d'Angleterre les *one night clubs* (une boîte différente par soir) qui permirent, du Balajo à l'Acid Rendez-vous, du Blue Moon au Saint, de réhabiliter les dancings populaires de la Bastille, les mauvais lieux de Pigalle ou même quelques sous-sols de Saint-Germain, jusqu'alors réservés, ça va de soi, aux caves. On ressortit les 45 tours de Dario Moreno et on trouva les vrais mambos vraiment beaux. La jeunesse bon chic bon genre elle-même se plaisait à frissonner dans ses carrés Hermès en songeant que sa Nouvelle Ève préférée était entachée d'un péché originel troublant : c'était un cabaret de strip-tease.

Et surtout, chez les particuliers, on retrouvait les vertus des « soirées à thème ». Évidemment, ce genre hilarant a toujours existé. Mais il reprit, vers le milieu des années quatre-vingt, du poil de la fête. Tout un chacun se creusait le bristol pour trouver des idées vraiment originales, de « prix Goncourt » (très chic) en « station de métro » (se déguiser en Réaumur-Sébastopol est effectivement une prouesse). On se souvient, si on nous permet une parenthèse toute personnelle, avoir subi dans ces années-là une fête « bouffe » assez gratinée. « Alors c'est laquelle ta femme ? — Ben c'est la nouille qui danse avec le grand concombre masqué. » Quelques petits malins s'étaient essayés à passer à travers les mailles du filet (à provisions). Kéké, habillé comme d'habitude, mais planté devant le buffet, passait la soirée à crier : « Dites pas que je suis pas déguisé, ça fait deux heures que je fais le poireau. » Mais nous, on avait joué le jeu. Mal nous en prit. Ça a fait comme une rupture dans notre perception de la mode. On avait subi tous les autres outrages stoïquement. Celui-là fut de trop. Quand on est obligé de faire appeler SOS dépannage à sept heures du matin, parce qu'avec son beau costume de bouillon Kub on est resté coincé au travers de sa propre porte d'entrée, on se dit qu'il y a un âge où, en matière de sortie, il est peut-être temps de rentrer chez soi.

SOUS L'EMPIRE DE LA RESTAURATION

A propos de bouillon, et puisqu'on en est au chapitre des nuits, il faut sans doute écrire deux mots d'un autre incontournable du « sortir moderne » : le « dîner-restau ».

Les anciennes générations, et plus spécialement les parents, qui sont en général de grands enfants aux idées simples, pensent que les restaurants sont des endroits agréables, où l'on va, habillé en dimanche, pour se faire servir sur des nappes blanches et bien manger. Les parents ont des idées hallucinantes : aller au restaurant pour bien manger ! Et pourquoi pas, tant qu'ils y sont, aller en boîte pour s'amuser! Non, soyons sérieux. Le restaurant, dans les années quatre-vingt, est une corvée (« Où est-ce qu'on va encore grailler ce soir? »), un rite ou, au mieux, une nécessité sociale. Comme les huit mille quatre cent douze communications téléphoniques de la semaine précédente se sont terminées par « Bon, on s'appelle et on se fait une bouffe », il faut bien qu'à un moment ou à un autre, on passe à la casserole. Passer à la casserole devant ses propres fourneaux est épuisant. Aussi, finalement, on finit, six soirs sur sept (le septième, c'est pour la lessive), par dîner « dehors ».

Il serait fastidieux que l'on se livrât ici à un inventaire exhaustif de tous les lieux de la décennie, de tous les trips à la mode. On se contentera de brosser à grands traits un portrait des deux grandes familles de dîneurs contemporains.

Première famille: les BPPS (les branchés presse pub show-biz). On le sait, les locomotives de la nuit parisienne traînent toujours dans leur train un ou deux wagons-restaurant. C'est évidemment dans ceux-là qu'il « faut être ». Le tout, c'est de ne pas se laisser aiguiller sur une voie désaffectée (« Il t'a emmené au Magnetic Técrasse? Quelle horreur, ça fait au moins deux semaines que plus personne n'y va »). La liste est longue, on ne se risquera pas à la citer. De toute façon la recette est toujours la même : il faut un décor starckisant, dépouillé chic, avec deux ou trois « figurations libres » au mur (Di Rosa ou Combas) ; un espace gigantesque (« Je vous ai mis à la table 212, vous serez très bien ») ; des serveurs inefficaces, désagréables, méprisants et n'ayant bien sûr qu'une connaissance approximative du français. Normal, ce sont des mannequins américains. (« Non, garçon, je ne vous demande pas où sont les toilettes, je vous demande une carafe d'eau. ») Naturellement la nourriture est consternante de banalité prétentieuse (ne revenons pas sur l'affligeant saumon cru mariné à l'aneth). Le Poilâne toasté est froid. Le vin malmené. Et l'addition assommante. Quelle importance? On n'est pas là pour manger, on est là pour dévorer du regard (« Dis chérie, ça te dérangerait pas de me regarder? — J'peux pas. Y'a Anconina qui sort des toilettes »). Et comme ça ne leur suffit pas, les BPPS reviennent le dimanche 13 heures, au saut du lit, en négligé Agnès B. et Tous les Caleçons pour s'avaler les œufs brouillés-saucisses-coleslaw-pancakes-sirop d'érable (« Et une grande Badoit, je suis un peu barbouillé ») de l'inévitable *brunch*.

D'autres soirs, ils cherchent à s'évader vers des raffinements lointains. Ils trouvent (aux Halles) le rêve américain, l'Ouest le vrai dans un *shrimp cocktail*. Ils savourent (à Montparnasse) la variété et la finesse des restaurants mexicains — prononcer *tex-mex* — (« Alors d'abord j'vais prendre des haricots rouges avec de la purée d'avocat, après, du bœuf avec de la purée d'avocat et des haricots rouges, et pour le dessert j'hésite entre la galette à la farine de haricots rouges et l'avocat givré »). Et ils trouvent (à la Bastille), dans des *tortillas* passées au micro-ondes et des *calamares* (en provenance directe des véritables surgélados dé ché Findousse) une Espagne authentique (« Bon d'accord, le patron il est de Bagneux. Mais son père est portugais »).

Deuxième famille : les *esthètes*. Leur credo est simple : ils ne mangent pas de la nourriture, ils mangent du « concept ».

Tout d'abord, on trouve les esthètes des « beaux endroits », ou « esthètes contre les murs ». Ceux qui sont prêts à n'importe quel suicide diététique pourvu qu'il s'accomplisse dans un bel espace, un ancien central des demoiselles des postes relifté (Le Télégraphe), une verrière (Orêve), un superbe hôtel particulier (Olsson's) ou mieux encore, un de ces lieux marqués au sceau de la mythologie du XXe siècle. Tout leur sera émotion : et dire que cette sciure, là, sous le bar, accueillit les glaviots créateurs de Guillaume Apollinaire ! Et dire que dans ces *gent's* Sartre lui-même vint savonner ses mains sales ! Lisons, au hasard, ce que *City* écrit de la Closerie des

Lilas, rade de prédilection de toutes les gloires littéraires depuis Hemingway : « On pardonne tout, un service négligent, une nourriture approximative, lorsqu'on est assis dans ce décor des années trente, toujours intact, où lumières tamisées et bois de teck confinent à la magie. »

La deuxième branche regroupe les « esthètes de Turc », tant est grand leur besoin de voyager dans leur assiette, tant le métissage, le choc des cultures sont des notions qui leur tiennent à ventre. Ils commencèrent, par exemple, au début de la décennie, par les restaurants japonais. On est mal assis, on a faim en sortant, et la seule idée d'avaler du poisson cru est déjà un vomitif puissant. Qu'importe. Ce qui seul compte, c'est que cette cuisine « sublime » soit d'un raffinement « millénaire » et que les stores en papier de riz rouge du décor, beaux comme une couverture de Kawabata en « Folio », s'accordent à merveille avec la dernière collection Yamamoto. Devant l'insoutenable banalisation des Nippons, ils se sont rabattus ensuite sur l'italo-chic (plus *carpaccio* que *pizza reine*) et les Indiens pour le néo-colonial. Actuellement, ils ont un faible pour la Mittel Europa, celle du Conservatoire Rachmaninov ou du Foyer des anciens officiers de marine russe. Divin. On lit toute la nostalgie de l'âme slave dans les yeux de son *bortsch*.

Dernière branche : les esthètes de l'« authentique ». On les appellera par commodité les « esthètes de veau » (ravigote). Ils squattent les vieilles brasseries (le Balzar, Bofinger), où le décor 1910 rappelle on ne sait quelle lettre de Proust et où le rosbif rappelle plutôt la semelle du facteur. Ils adorent le terroir, brut, très simple (60 F la tartine de rillettes). Mais ce qu'ils préfèrent, ce sont les gargotes de quartier les plus périlleuses, les plus troublantes. Le service y est décoiffant (« Eh ! les pédés là, qu'est-ce que je vous mets ? »). Les habitudes déconcertantes (« Tu crois qu'ils vont nous compter les cheveux dans la moutarde en supplément ? »). Et le menu plombé (« Y'a les œufs mayo et les pieds de porc panés-frites qui ont du mal à passer. Je vais au vécé prendre un Alka-Seltzer et je reviens pour la crème de marrons-Chantilly »). Qu'importe. Ici, et ici seulement on peut enfin goûter au plaisir suprême de se sentir furieusement « hors des modes ». Il ne faut pas l'oublier. Sauf dans le bœuf, la mode, c'est *out*.

LA DÉCLARATION
DES DROITS DU HOME

Enfin. Il fallait bien qu'un jour, la longue nuit des années quatre-vingt en arrivât à son crépuscule. Fabrice Emaer, prince du Palace, et arbitre des noctambulismes, est mort le premier. Pacadis est parti, quelques années plus tard, pour aller *nightclubber*, là-haut, chez les anges. Mourousi s'est marié. Le groupe Flo a racheté la Coupole. Et les Bains, amputés de leurs Douches originelles, sont devenus le cadre d'une émission de Thierry Ardisson sur la Cinq. Triste destin. L'aube est blafarde. L'arène de la nuit est déserte. Les toreros sont fatigués. Et les habits de lumière, désormais, sont rentrés au placard, sagement repassés et coincés entre des draps blancs et une boule à la lavande. L'heure de la sortie ne sonne plus. Aujourd'hui, le soir, on rentre à la maison.

Les États-Unis ont appelé ça le *cocooning*. La France prend doucement le pli. On sera bientôt aussi *cocon* que les Américains. Ce mouvement n'est pas, pour l'instant, pour nous déplaire. C'est la revanche des couche-tôt, des salariés dans notre genre qui, même au plus fort du *nightclubbing*, se tâtaient sérieusement pour sortir en semaine, parce que le lendemain, c'est pas tout ça, on bosse. Comme l'écrit *City* avec sa proverbiale simplicité, on ressort « littéralement épuisés de ces années de cocktails mondains et de restaurants ». En français, ça signifie qu'enfin on n'a plus à complexer de s'endormir en douce, dans les fêtes, à 11 heures, planqué dans la chambre du fond. Il est temps de déclarer les droits du *home*. La pub, déjà, prend le pli. Jadis, « celles » qui posaient pour Rodier étaient de la race qui « assure ».

Maintenant, on les voit dans un défilé de mode très chic avec une petite bulle au-dessus de la tête : « Avec les restes du bourguignon, je vais faire un hachis parmentier. » Fort bien : suivons-les plat à plat.

La première des activités, en effet, qui peut nous réconcilier avec la douceur des soirées, c'est la cuisine. Finie la corvée du « où graille-t-on ? » dont on a vu combien elle pouvait ruiner les nuits, les bourses et les estomacs. Désormais, on invite son ou sa fiancée à la maison, pour un dîner aux chandelles, et on lui fait une bonne soupe poireaux-pommes de terre, ou on se bricole un petit quelque chose de gentil sur son cuit-tout à la vapeur. Au reste, pourquoi aller vers le monde extérieur, puisque, de plus en plus, le monde extérieur ira à nous ? La vente à domicile est désormais le fonds de commerce qui manque le moins. Un appel, et sur un plateau ailé, arrivent l'hypermarché, le traiteur, les « gustatifs modernes » ou le petit déjeuner. Un ingénieux prévoit même, paraît-il, de faire livrer dans un même colis un dîner pour amoureux et une cassette de film porno. Quand on aime la bonne chair, n'est-ce pas, pourquoi se priver ? A l'époque, lointaine, des eighties, la seule question qui occupait les fins d'après-midi était : « Ce soir, où ? avec qui ? » Aujourd'hui, le dilemme a pris de l'ampleur : « Allô couscous, ou allô canard laqué ? »

Et que nos raffinés de tout à l'heure ne fassent pas leur esthète de lard. Non, ce retour au foyer n'offre pas que des plaisirs frustes, trop étroits pour leurs grands esprits. Ils n'ont qu'à se mettre à la véritable gastronomie, mieux à l'œnologie. Quand ils auront remplacé la lecture du *Globe* par un abonnement à *Vins de France*, ils verront vite lequel des deux est le moins imbuvable. Ils aimaient les « beaux lieux » ? Eh bien, ils en recréeront dans leur cuisine. La belle vaisselle, après tout, ne manque pas de saxe-appeal.

Et s'il leur faut, en outre, des nourritures plus spirituelles, qu'ils se rassurent, on en a plein la hotte. La lecture, dans de grands pyjamas douillets (Marks and

Spencer's) ou des robes de chambre écossaises (Old England) est un *must*. Les jeux de société, entre amis, offrent de quoi chatouiller les neurones les plus sophistiqués. Le premier, dans cette intellectuelle série, fut évidemment, le Trivial Pursuit, jeu américain qui permet, par quelques milliers de questions, de vérifier ses connaissances les plus pointues : cinéma : « Qui est la femme de Louis de Funès dans *Pouic Pouic* ? » ; littérature : « Quel numéro de téléphone est toujours confondu avec celui du château de Moulinsart ? » ; sciences naturelles : « Doit-on passer sous ou à côté d'une échelle ? » Mais, hélas ! le caractère particulièrement retors du questionnaire épuise rapidement. On peut passer à d'autres distractions. Le Pictionary, par exemple, apporte quelques joies. On est en équipe de deux et le but du jeu est de dessiner, en un temps record, un mot tiré au hasard pour le faire découvrir à son coéquipier. Très vite, ça peut également être éreintant : quand on doit dessiner « chien » on se pavane. A « Las Vegas » on rigole déjà moins. A « main-courante » ou à « couiner », on songe sérieusement au hara-kiri avec la pointe du crayon de bois. Bref, on ne saurait trop vous conseiller l'orientation directe vers les valeurs sûres : le Mille-bornes, le Monopoly ou, plus tendance encore, le Jeu des 7 familles.

Ceux qui, enfin, en auront assez d'avoir demandé le père Duraton ou le fils Lachèvre pendant des soirées entières, peuvent revenir tout simplement aux plaisirs du narcissisme. Le bichonnage, les talcs, les peelings, les bains relaxants, les masques, les fumigations au thym ou les tisanes dépuratives, ça occupe. Et, au moins, on aura bonne mine quand reviendra enfin le temps des sorties, des beuveries par nuits entières, des fêtes jusqu'à point d'heure, des orgies quotidiennes. Parce qu'il ne faut quand même pas se faire d'illusion. Le *cocooning*, c'est bien gentil. Mais, le *sweet home*, la popote, le gnangnan, le dîner à la maison et surtout le potage poireaux, autant le dire franchement, en trois mois, on en aura soupé.

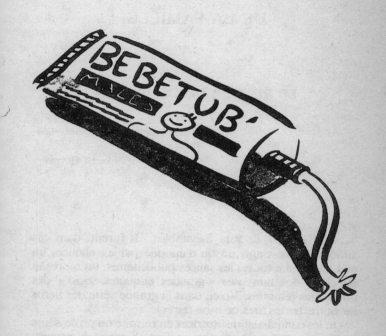

DE LA FAMILLE

LE RETOUR DE CÉLIBATON

> *« Il y a des gens qui n'ont que ce qu'ils méritent. Les autres sont céliba-taires. »*
>
> Sacha GUITRY

C'EST ainsi, ils sont inévitables. Ils furent, dans ces années quatre-vingt, un tic d'époque par excellence, un plat mitonné à toutes les sauces publicitaires, un morceau de choix des fameuses « grandes enquêtes socio » des magazines féminins. Voici, dans la grande série des héros de notre temps: les cé-li-ba-taires!

On les connaissait institutrices en retraite ou professeurs de piano, armées d'une règle et d'un chignon, ou encore, pour les hommes, individus aux mœurs suspectes (« trente-cinq ans et pas marié, il faut pas demander comment il s'occupe le soir ») ou curés en civil. Bref, pour reprendre une expression d'André Bercoff, on connaissait les « célibattus ». Les années quatre-vingt inaugurèrent l'ère des « célibattants ».

Fils de l'Individualisme forcené qui se pratiquait alors,

les célibattants refusaient de laisser bouffer leur énergie et leur créativité par l'affligeant train-train de la petite vie de famille. Ils assuraient en Rodier, se bricolaient sur le pouce des petits plats Maggi, écumaient les boîtes à l'heure où tous les chastes sont gris et au matin, en filant à un *business breakfast*, laissaient sur l'oreiller des mots marqués « Peut mieux faire » à la conquête ronflante de la soirée précédente, comme dans les publicités pour *Marie-Claire*. L'égoïsme leur était voluptueux (« Je reste deux heures dans mon bain »). La solitude un mot inconnu (« Je ne suis pas seul, je me retrouve »). Leur univers était balisé d'objets indispensables : le répondeur téléphonique (pour gérer l'imprévu), le congélateur et le micro-ondes (pour bricoler un en-cas sur le pouce à l'imprévu) et le magnétoscope (pour le restant de la semaine quand l'imprévu est avec sa femme). Des *Lits à une place* de Françoise Dorin aux *Belles, Intelligentes... et Seules, Moi solo* ou *Nous les célibataires*, la littérature à leur sujet abondait. Les statistiques jouaient en leur faveur : six millions de solitaires en France, un logement parisien sur deux occupé par une personne seule.

La tendance culmina en 1986, quand Odile Lamourère, jeune présidente de l'association Sol-Sol (Solitaire-Solidaire), ouvrit le premier « salon des célibataires », qui, lui, ouvrit enfin les yeux sur la réalité de ce beau mouvement de société. Qu'y avait-il, dans ce grand salon, à part quelques stands de surgelés en portion individuelle ou quelques libraires, pour tromper les soirées d'ennui, qu'y avait-il sinon, évidemment, des agences matrimoniales ? Voilà bien la seule chose que les années quatre-vingt pouvaient offrir aux célibataires : une noce à ronger.

C'est aujourd'hui le retour de célibaton. Fi des fanfaronnades de Bercoff et des tralalas de Lamourère ! N'ayons plus honte de l'avouer : le célibat n'est pas une partie de plaisir. Oui, quand on est seul, on passe plus de soirées devant le hublot mousseux d'un Lavomatic que devant une créature de rêve, aux Bains. Oui, les mots croisés sont un sport affligeant. Oui, le minitel, c'est cher. Oui, on insomnise des nuits entières à force de se chercher l'époux dans la tête. Oui, on en sait quelque chose.

Ouf ! En cette fin de décennie, le célibataire peut avouer sans honte qu'il crie famille.

FAMILLE, ON VOUS AIME

Autrefois, l'unité familiale reposait sur des bases saines. Les parents étaient des vieux cons réactionnaires et bourgeois. Et les enfants dissolvaient leur âge ingrat dans des cotons imbibés de lotion Clearasil et des pages de journaux intimes imprégnés du fiel de la révolte à la « Famille, je vous hais ». Le dialogue entre les générations passait par des codes simples : « Vieux fachos, vivement que je me tire » ou « Si c'est comme ça je fais une fugue », contre : « Quand je pense qu'on s'est sacrifiés pour toi » (un classique) et « Et celle-là, tu la vois celle-là ? » (un indémodable). On allait se changer les idées au cinéma devant *la Gifle* (de Pinoteau) ou *Passe ton bac d'abord* (de Pialat).

Eh bien, de nos jours, tout cela est dé-mo-dé. La lotion antiacnéique et le petit carnet fielleux sont à ranger au magasin des accessoires. Maintenant les jeunes gens chics soignent leur teint en mangeant des carottes râpées chez leur maman et ne prennent plus la plume que pour souhaiter une bonne fête à leur mamie. Dans les « grands retours » qu'ont vu débouler à la suite des années quatre-vingt (*le Retour du Jedi,* le retour des porte-jarretelles, le retour d'âge de Gloria Lasso), le thème du « retour de la famille » s'est taillé la part du lion. Pas un magazine, pas un hebdomadaire qui, ces dernières années, ne lui ait consacré sa « une ». Dès le milieu de la décennie, un sondage SOFRES le proclamait fièrement : « 94 % des Français sont des supporters de la famille. » Au milieu d'un monde cruel, après quinze ans de crise, de chômage, de SIDA, il était temps de laisser ses poings levés au vestiaire et de venir chauffer ses mimines meurtries à la chaleur d'un foyer domestique.

Le président de l'Association des conseillers conjugaux, un certain M. Lemaire au nom prédestiné le confirmait à *L'Express* il y a quelques années déjà : « Où investir sinon dans sa vie privée ? » Entre les virus qui rôdent et les Bourses qui craquent le petit nid douillet du *sweet home* parental est encore la valeur refuge la plus sûre.

Cela dit, la famille ainsi remise en vogue n'a pas grand-chose à voir, grâce au ciel, avec le modèle prôné depuis des lustres par les Michel Debré et autres Jean-Paul II. Louis Pauwels, il y a quelque temps, s'était osé, dans son *Figaro-Magazine*, à lire dans des sondages très librement interprétés, l'attachement de la jeunesse « malgré le négativisme culturellement propagé, à la cellule familiale, l'armée, l'entreprise ». On voit d'ici le portrait de la susdite cellule familiale, belle comme une publicité pour Tartine et Chocolat, et ouverte comme un carmel.

La famille moderne s'est mise à une heure plus rigolote. La tendance est à ce que le talentueux Alain Schiffres appelle joliment, dans *Le Nouvel Observateur*, la « famille mécano », ce qui ne signifie pas que tout le monde, en ces temps dégénérés, ait des vis dans la peau, mais plutôt qu'on se boulonne à qui mieux mieux, au gré des existences, entre parentèles diverses. A coups de mariage, de divorce, d'enfant d'un premier lit, d'une seconde éprouvette plus ceux de ma sœur (elle est en vacances au Brésil avec son deuxième mari), on se bricole un « kit familial ».

Pour Noël, on loue la cantine du bureau. C'est tellement sympa de se retrouver tous les 208 ensemble. Avant, écrire une pièce de boulevard était à la merci du premier plumitif qui savait compter jusqu'à trois (le mari, la femme, l'amant). C'est maintenant un sport réservé à quelques polytechniciens triés sur le volet (le mari s'éprend de la première épouse du gigolo de la seconde concubine, mariée à un transexuel, cadet de la tante. Je prends deux aspirines et on passe à la scène deux).

Les chiffres sont là pour prouver que les anciens modèles se démontent à grande vitesse. En cinq ans, dans la première moitié des *eighties*, le nombre des enfants nés d'un couple non marié est passé de 10 à 18 % des mineurs de moins de dix-sept ans. Selon certains spécialistes, un individu sur quatre va connaître au moins une fois dans sa vie l'expérience de la famille monoparentale.

Et on ne saurait, pour parfaire le tableau, limiter la famille aux deux branches des parents et des enfants. C'est oublier en route la vieille souche qui vient mettre encore un peu plus de poivre et sel dans notre ratatouille déjà pimentée : les grands-parents. Encore une catégorie de population qui, dans les années quatre-vingt, s'est pris un sacré coup de jeune. Sous-groupe démographique jadis limité à des fonctions précises :

a) pour les dimanches (type mémé à gigot de mouton) ;

b) pour les vacances (type mémé avec ferme dans le Limousin) ;

c) pour les conseils de famille houleux (type mémé à héritage).

Il ne faudrait plus, désormais, les pousser dans les orties. Alertez les pépés ! Les mémés, maintenant, ça n'est plus Pauline Carton ou Yvonne de Gaulle, c'est Bernadette Lafont, Birkin ou Agnès B., dont l'aînée des petites-filles a le même âge que sa propre cadette.

Ségolène Royal l'a prévu dans son livre : voici venir le temps des *Nouveaux Grands-Parents*. Dorénavant, la grand-mère du café du même nom a mis un perfecto sur son tablier. Et Jean-Paul Gaultier, pour présenter ses collections junior, n'a pris comme mannequins que de vénérables mamys. En plus, on n'a pas fini d'en entendre parler parce que malgré leur âge, les vieux sont une espèce qui ne cesse de se reproduire. En 2010, disent les statisticiens, près du quart de la population aura plus de soixante ans. Cela occasionnera sans doute des bouleversements sociologiques assez coton.

Si la famille d'aujourd'hui n'a rien à voir avec les rêves en tricolore du *Figaro-Magazine*, elle n'a pas grand-chose, non plus, en commun avec les avatars chevelus et « hyper déculpabilisants » qu'avaient voulu lui donner les années soixante-dix.

Remarquez, c'était super. On appelait les parents par leurs prénoms, les mères piquaient les jules et les jeans à leur fille, elles arrosaient la marie-jeanne de leur fiston, sur le balcon, avec les bégonias. Et le dimanche, on se faisait tous ensemble une bonne petite heure de thérapie familiale, histoire de s'envoyer à la figure les névroses de la semaine. C'est tellement plus chic qu'un repas, et tellement moins onéreux, au prix du rosbif.

Évidemment, sur le terreau permissif labouré dans ces années babas sont venues pousser quelques excroissances assez caricaturales. Il y a deux ou trois ans, on a parlé des « bébés couple », ces petits morveux qui vivent en couple chez papa-maman à l'heure où tout individu normalement constitué n'a pas encore embrassé sa première conquête avec la langue. Pire, puisqu'on était si bien à la maison, on a vu de grands dadais y rester jusqu'à des trente ans passés. Repassage et potage gratuits étaient les mamelles de cet attachement attardé au foyer maternel. Heureusement, Christiane Collange et son énorme best-seller, *Moi ta mère,* en 1986, sont venus y mettre bon ordre. Le courrier des magazines féminins pleurait des larmes de reconnaissance devant celle qui avait enfin déculpabilisé les mamans : « Oui, grâce à vous, quand il rentre de boîte et qu'il veut faire des frites à quatre heures du matin, j'arrive à le lui refuser. » Non, les parents, expliquait Mᵐᵉ Collange avec fougue, ne sont pas de simples vaches à fric. Il n'est pas sain que les mères se fassent encore vampiriser par les enfants dix ans après leur bachot. « La maison n'est pas un hôtel. » Sachons, enfin, pour les années à venir, tirer sans honte un trait sur ces horreurs. Passé un certain âge, la famille, il y a des pensions pour cela.

IN VITRO VERITAS

« Il y a des jours où l'absence d'ogre se fait cruellement sentir », écrivait Alphonse Allais. A n'en pas douter, si l'on en remettait deux ou trois sur le marché, ils ne sauraient plus où donner de la quenotte. Pas une affiche où on ne croise deux poupons qui se taillent leur bavette, pas un film ou un dîner où l'on ne tombe sur leurs fesses roses et joufflues. Les années soixante-dix étaient obsédées par le sexe. Les années quatre-vingt ne parlent plus que de bébés. En dix ans, on a avancé de neuf mois. On n'arrête pas le progrès.

C'est une tendance lourde de l'époque : on voit des lardons partout. La publicité, de la fameuse campagne *Est-ce que j'ai une tête de mesure gouvernementale,* en 1985, à la fille de Séguéla posant pour *Génération Mitterrand,* en 1988, s'est mise à être bigrement pro-créatrice. Les *Trois Hommes du couffin* sont devenus, grâce à leur angelot, les trois hommes d'un gros coup : rien qu'en France, ils ont fait treize millions d'entrées. Les vedettes les plus diverses, des *sex-symbol* aux *executive women,* pouponnent sans vergogne. Ornella Mutti, Birkin, Nicole Garcia, ont empli les carnets roses. Lio a fait son grand show de l'Olympia ronde comme une montgolfière. Ockrent a accouché d'un petit Kouchner. Elli Medeiros et Valli mettent leur progéniture dans leurs clips douillets. Caroline de Monaco repeuple le Rocher à elle seule. Au rayon hommes, même les ex-irréductibles se laissent attendrir. Woody Allen a appelé son fils Satchel (en français « sacoche »). Gainsbourg fait chanter à Bambou, mère de son fils : *Lulu enfant de l'amour.* Et Montand s'y est mis récemment, avec une jeune personne qui n'a pas l'âge de Signoret dans *Casque d'or* quand il a, lui, dépassé celui de Gabin dans *la Veuve Couderc.*

Les stylistes, Kenzo, Sonia Rykiel, Chantal Thomass lancent tous leur ligne enfantine. On trouve des babygros à 2 500 F, des bavoirs baby Dior qui épongent surtout les économies des parents et des perfectos taille trois ans tout à fait chou. On baigne dans le talc, la petite fuite, la tétine, et le lait maternisé. Les années quatre-vingt en tiennent une bonne couche.

D'ailleurs, on ne s'est pas contenté des bébés. Ça encore, c'est joufflu, poétique, guili-guilant, attendrissant. Plutôt que de stariser le bébé *dès* sa naissance, on s'est mis à le médiatiser *avant* sa naissance. Ce sont les années du *fœtus roi.*

Ça a commencé par l'échographie. Encore expérimentale dans les années soixante-dix, elle s'est généralisée dans la décennie suivante. Elle a été à l'obstétrique ce que le robot Moulinex a été aux années soixante : une ré-vo-lu-tion. Maintenant, c'est super, on peut glisser l'*écho* du petit, en noir et blanc, entre les diapos du Lavandou. On s'amuse entre amis : « Regardez, on voit bien que c'est un garçon. — Non chéri, là, c'est son nez. »

Et les spécialistes, gaillardement, ne voulurent pas s'arrêter en si bon chemin de la connaissance. Parce qu'en 1978, la petite graine de Mr. Brown rencontra le petit œuf de Mrs. Brown dans un petit bol (du samedi soir) et que de cette union naquit Louise Brown, premier bébé éprouvette du monde, la route de la « procréatique » était ouverte.

Jusqu'alors, les méthodes les plus sophistiquées en matière de reproduction humaine s'arrêtaient, d'une part, à la brouette japonaise, recommandée par le *Kamasuthra* mais pas par les kinésithérapeutes, et, d'autre part, à l'opération du Saint-Esprit, recommandée par le Vatican, mais expérimentée une seule fois. En comparaison avec ce qu'on inventa alors, ces bagatelles en devenaient un véritable jeu d'enfants de Marie. L'insémination artificielle elle-même était enfoncée. On améliora la FIVETE (fécondation in-vitro avec transfert d'embryon) en réussissant à conserver plusieurs embryons pour augmenter les chances de réussite. Miracle du génie biologique ! On faisait naître des « bébés du froid », dont les cellules originelles, minuscules crevettes, étaient stockées dans des congélateurs, comme des croquettes de poisson panées !

Méthode techniquement à la portée de tous les ventres, mais socialement osée, la période vit naître les « mères porteuses », qui louaient leur utérus à des couples stériles pour se faire un peu d'argent de poche (abdominale). Enfin, *nec plus ultra*, Élisabeth Badinter vint jeter son pavé de cinq cents pages dans cette mare au diable, en envisageant, dans son gros livre, *L'un est l'autre,* la possibilité de voir un jour des hommes enceints. « OK les mecs, vous pouvez commencer à stocker la crème antivergetures », s'écria, avec élégance et technicité, le courrier de *Libé.*

On ne sait si la contre-attaque vint de Robert Badinter

lui-même, célèbre époux d'Élisabeth, et désireux de protéger sa belle ligne svelte. Toujours est-il que peu à peu, les mystères de la procréatique sortirent des laboratoires pour envahir le champ des « grands problèmes de société ».

Le président de la République nomma un Comité d'éthique, qui, au contraire de ce que pensent certains ilotes à l'orthographe approximative, n'est pas chargé de l'étude des maladies nerveuses, mais penche son front de Grand Sage sur toutes ces questions biologico-délicates. Les tribunaux, perdus devant des jeunes femmes réclamant le sperme congelé de leur mari décédé, pédalaient dans le vide juridique. Les magazines regorgeaient d'historiettes à s'arracher les cheveux : d'Australie, on rapportait le cas de deux embryons congelés devenus les héritiers de l'immense fortune de leurs parents milliardaires, morts ensemble lors d'un accident d'avion. Grâce au ciel, les embryons étaient en trop mauvais état pour être conservés. D'Afrique du Sud, on contait l'histoire de cette mère, inséminée par le sperme de son gendre, devenant la mère porteuse de sa fille stérile. On échafaudait des scénarios à envoyer à l'hôpital psychiatrique les agents du recensement : « Supposons qu'une fille soit fécondée grâce à l'embryon congelé de sa sœur jumelle qui devient donc elle-même sa propre tante... » Les beaufs jubilaient : si mon oncle en avait eu, ça serait jamais arrivé. Le Vatican, toujours plus ouvert, s'assit de tout son Saint-Siège sur tous les progrès effectués en ces matières par la médecine, et condamna tout, en bloc. De nombreux penseurs, chercheurs, s'effrayèrent des risques de dérapage fâcheux que pouvaient induire ces manipulations hasardeuses, et de leurs relents d'eugénisme douteux. Jacques Testard, père du premier bébé éprouvette française, proposait en 86 « une pause dans la recherche » en doutant de l'avenir : « Encore un effort et nos petits seront choisis comme au chenil : couleur du poil, et longueur des pattes. » Coluche l'avait prédit : « Les gens y font des enfants parce qu'ils peuvent pas avoir de chiens. » Le monde, lui, entre ses misères et ses calamités, continuait à fournir des petits en quête d'adoption par orphelinats entiers.

Bref, les années quatre-vingt laissent derrière elles, en ces affaires de « bio-éthique », un joli sac de nœuds, si l'on peut se permettre. Et les résultats ne sont guère probants. Les petites malignes qui, pour un prix d'or, se sont fait féconder par les paillettes de fameuses banques de sperme de prix Nobel inventées par quelque Américain fumeux, sont maintenant mères de grosses têtes à claques, pas plus finaudes que d'autres. Louise Brown est devenue une prépubère qui, paraît-il, ne rêve que d'être danseuse quand la moindre des politesses à l'égard de son éprouvette génitrice serait de se forger une vocation de laborantine. Les auteurs des manuels d'éducation sexuelle des temps à venir s'agitent le bocal. Et les parents cherchent désespérément des métaphores poétiques à la hauteur des progrès accomplis. « Dis maman, c'est une cigogne qui va l'apporter, mon petit frère ? — Non, mon poussin, on va le faire livrer par Picard surgelés. »

DU SPORT

L'ANGOISSE DE MARGUERITE
AU MOMENT DU PÉNALTY

M.D. — Mon métier dans le monde, c'est de le regarder. Le terrain de football, c'est un lieu où l'autre c'est autant que vous-même. A égalité.

M.P. — Absolument.

M.D. — Ça, c'est unique. Réfléchissez, c'est unique. C'est sans limites, sans fond, c'est terrifiant.

M.P. — Si vous voulez.

FULGURANTE beauté… *(soupir)* Immense talent… *(long soupir)* Quelle concision! Quelle brutalité, dans les questions, dans les réponses. Ne voit-on pas l'Absolu se profiler derrière cet « absolument… »? Ne voit-on pas la Volonté apparaître dans ce « si vous voulez »?

Avec ces mots-là, il y a un avant et un après dans la pensée footballistique. Avant, les Maradonna et les Rocheteau, grands dadais écervelés, poussaient une balle sans âme sur un gazon fermé de chaque côté par trois bouts de bâton blanc avec des filets dedans. Désormais, archanges de l'« unique » et du « sans fond », ils chevauchent de grands espaces où « l'autre c'est autant qu'eux-mêmes ». L'ignorante multitude s'écriera: « Ben et alors? Ça leur fait une belle jambe. » L'ignorante multitude est vraiment une bande de crétins : pour des footballeurs, la belle jambe est un attribut indispensable.

On ne fera pas l'injure au lecteur de redonner le contexte du petit joyau de la littérature contemporaine plus haut cité. Il aura reconnu, bien sûr, plus lucide, plus claire que jamais, la Duras elle-même, dans un de ses grands moments de journalisme, interrogeant en décembre 1987, pour *Libération*, Michel Platini, venu lui présenter son livre *Ma vie est un match*. (« Et c'est un livre sur le football ? » devait demander Duras en première question, prouvant par là, contrairement à ce que des esprits fâcheux colportent sur elle, un rare sens de l'intelligence déductive.)

Marguerite D. *versus* Michel P. Le simple énoncé de ce face-à-face résume à lui seul tout un mouvement de société. Allons, de la mémoire ! Qui l'eût cru il y a juste quinze ans ? Les supporters de Saint-Étienne, en matière de lectures, devaient penser à renouveler leur abonnement à *Onze*. Les intellectuels, en fait de stade, ne dépassaient pas celui du mépris dégoûté devant « le nouvel opium du peuple ». Et voilà les deux héros des uns et des autres, dans *Libé*, qui jettent ce pont très aérien entre la tête et les jambes. Les aigris diront : c'est pas pour ça que Platini va se mettre à tout comprendre dans *le Ravissement de Lol V. Stein*. On leur répondra du tac au tac : grâce au ciel, c'est pas pour ça non plus que la Duras va se mettre en tête de se qualifier pour entrer dans l'équipe de France. Non, bornons-nous à constater la vaste récupération de ce sport tellement populaire par les *beautiful people*. France-Culture, en quatre *Nuits magnétiques* de septembre 88, rameute autour d'un micro une mêlée d'écrivains, de journalistes, d'ethnologues et de politiques qui penchent leur front bombé sur les mystères du ballon rond. Il est du dernier chic de préférer un match de seconde division sur la Une à un cycle Godard sur la Trois. On peut enfin se classer sans complexes pendant des soirées télé entières, parmi les bienheureux qui s'en foot plein la lampe.

Si l'on en est arrivé aux doux plaisirs du jeu à onze,

c'est que l'on sort à peine, à la fin des années quatre-vingt, d'une série d'horreurs dont il faut bien se remettre. Prenons deux exemples au hasard, le tennis et le Paris-Dakar.

FENÊTRE SUR COURT

Jadis, le tennis était par essence le sport classe, réservé à une élite. Avec les copains, on passait plutôt les mercredis à la piscine municipale (« Avec la monnaie, tu t'achèteras un quatre heures »). Le fils du docteur, il avait un tournoi au club avec le fils Vandermaeker (c'est le chef de bureau de mon papa). Quelques-uns se risquaient à monter au filet : « Alors ça fait mille cinq francs pour l'inscription, cinq cents pour la licence, six cents pour les chaussures (obligatoires) et je ne compte pas la tenue blanche. » C'étaient des véritables raquettes organisées. Puis, vers les années soixante-dix-quatre-vingt, les maires, dans une grande politique de construction sociale, et lassés de se faire élire par des piscines, se sont mis à faire des courts effrénés à leurs électeurs. Plus un village qui n'ait son *quick*. Ç'a été la folie. Tout le monde s'est mis à tapoter dans ses Dunlop. Et surtout, on ne parlait plus que de ça. Du coup, même les fameux Verts, jusqu'alors champions toutes catégories de la dévotion populaire, en prirent un coup de blues. Les nouveaux modèles s'appelèrent Borg ou Pecci (celui à la boucle d'oreille), Connors ou Mac Enroe (celui qui fait que dire des gros mots). La pub se les arracha : Borg pour Donnay, Noah pour des jeans ou Lendl pour une fameuse marque de pain au son industriel. Les nations célébraient leurs héros. Plus tard, les éditorialistes s'aventureront même à écrire que : « Grâce à Becker, après cinquante ans, l'Allemagne retrouve son patriotisme. » On conviendra que, sur une scène internationale, le Boum Boum blondinet est plus présentable que Klaus Barbie, mais enfin, pour ce qui est du génie germanique, au pays de Beethoven et de Schiller on a quand même connu la pointure au-dessus.

Bref, ce beau mouvement n'a pas eu le bon goût de s'arrêter au premier set. Il continue à rebondir jusqu'à nous. Il n'y a qu'à tenter une promenade dans la capitale une première quinzaine de juin. Finis les embouteillages pétaradants, les sirènes de pompiers, les hurlements des sorties d'école. En fait de cris de Paris, on entend « Plop! Plop! ». Le monde entier a enfilé sa Lacoste et ses Ray Ban. C'est l'heure de la retransmission de la finale de Roland-Garros. Et si vous risquez une moue dégoûtée, un ras-le-bol expressif, une brusque crispation nerveuse du faciès, on vous en sera reconnaissant. On y verra une touchante manifestation de solidarité pour les crampes de Noah.

DAKAR PAS D'ACCORD

« Ici, l'aventure atteint son degré suprême d'intensité. Dans ces étapes du désert, le théâtre brûlant... est nu comme l'épure de l'exploit et, sur les pistes des caravanes sans cesse brouillées par le vent, chaque chevauchée a le goût d'une première rencontre. » C'est du Henri de Monfreid? Non. C'est du *Paris-Match*. Tout est dit. Nos ancêtres vibraient pour Stanley, Livingstone ou Charles de Foucauld. Nos papys faisaient de la Résistance. Nos grands frères se balançaient les pavés du Joli Mai. Nous, on a « Thierry Sabine Organisation ». On a les grands frissons qu'on peut.

On a vu comment les fameux Internationaux de France rendaient le mois de juin insupportable. On ne dira jamais assez combien le Paris-Dakar rend janvier affligeant. Après le tennis, c'est la deuxième calamité du sport des années quatre-vingt: 12 874 km pour saloper la malheureuse Afrique et écraser quelques petits Noirs en passant (« C'est pas grave, on a apporté des cadeaux pour le village »); des héros positifs, qui sont des modèles d'élégance spirituelle, genre Michel Sardou et Caroline de Monaco; et des envolées de lyrisme en béton (Ah! les « déserts brûlants », « l'infini des sables » et « les fiers Touaregs ») à faire passer, en comparaison, une pub *Mennen* pour un morceau choisi de Joseph Kessel.

D'ailleurs cette veine frissonnante ne s'est pas arrêtée en si bonne piste. Pris dans le grand vent de « l'aventure », tout un chacun tente son propre record idiot. On fait le pôle Nord en ULM, le mont Blanc en jogging, le Pacifique à la rame. Et comme tout le monde ne parle plus que de « se dépasser », certains finissent par faire des queues de poisson. Le dernier chic, paraît-il, pour les parachutistes, c'est, bien sûr, de sauter de l'endroit le plus bas possible, mais il faut qu'il soit situé en ville. C'est très aimable pour les malheureux qui font tranquillement leurs courses en dessous (« Peux-tu me dire, chérie, qui est ce monsieur dans ton cabas à côté des poireaux ? »). On attend le record absolu qui sera battu le jour où une grande andouille volante fera son saut depuis un rez-de-chaussée. Un dénommé Vacher, lui, a traversé le Sahara à pied, suivi par sa femme à vélo. A son retour, ce n'est pas un récit qu'il a donné au *Nouvel Obs*, c'est un fonds de commerce pour l'Institut de la jambe. Ce coup-ci on n'a rien eu de la « farouche beauté du désert sans fin », mais on a tout su sur ses ampoules, ses crampes, ses tendinites, son fémur cassé, et *in fine,* sa bilharziose et son amibiase. « Il pissait du sang, chiait cinquante fois par jour », détaille goulûment le reporter. Ce qu'on aime dans le sport, c'est sa mâle poésie.

OÙ L'ON SENT UN RETOUR DE BOULES

Non ! Non ! Pitié, arrêtons les dégâts ! Le mieux encore, en matière de sport, c'est de se laisser aller aux joies saines des disciplines les plus indémodables. On a parlé du football célébré, il est vrai, depuis longtemps par des inconditionnels comme Bernard Pivot. Le Tiercé, également, chez les vrais snobs, est très *tendance*, non pour le gain (c'est vulgaire), mais pour pouvoir acheter *Le Meilleur*. Les gens plus simples, comme nous, peuvent se contenter des divines pages d'Homéric, reporter hippique de *Libé*, et roi flamboyant d'un genre jusqu'à lui méconnu, le turf littéraire. Le Tour de France est assez bien vu. Le fin du fin est de n'en parler qu'en enfilant des citations tirées des fameuses chroniques d'Antoine Blondin. D'autres préfèrent le surréaliste *Dossiers et Documents* que *Le Monde* lui a consacré, dans cette collection plutôt orientée, habituellement, sur de gondolants best-sellers comme « La réforme agraire du Burkina Faso » ou « Fin de l'*Ost-Politik*, enjeux et débats ».

Et les jeunes gens chics ont, ici et là, leurs vedettes : Carl Lewis, parce qu'il a fait un disque, Noah parce qu'il perd tout le temps ou le fabuleux Éric Rollenberg, sauteur hollandais et militant homosexuel, qui a déclaré en 1988 vouloir devenir « la première tante du monde à plus de 2,30 m ».

Reste que la grande entreprise de réhabilitation des sports jadis « populaires » peut conduire à certaines outrances. Périodiquement, quelques intellectuels souffreteux fascinés par la froide bidoche et le muscle brutal ressortent leur goût pour la boxe. Cocteau le fit naguère, mais il le fit au moins par goût avoué pour les boxeurs. Aujourd'hui le parti pris est, hélas ! plus cérébral. La star de 1988, par exemple, est l'Américain Mike Tyson, dont la vie est belle comme un film noir. Osera-t-on dire que cette esthétique de la brutalité, du sang giclant, et du coup de poing est assez casse-bonbons ? Dans cette série sanglante, on ne peut oublier la corrida, grand *must* de cette fin des années quatre-vingt. Il y a plus de monde à la feria de Nîmes qu'au festival d'Avignon. Paco Ojeda, matador, fait des pages « Rebonds-Idées » dans *Libération*. Mais on nous a tellement déjà rebattu les oreilles de cette mode tauromachique qu'on devrait bientôt en voir la queue.

Non, puisqu'il faut quelques nouveautés vraiment *mode*, on ne saurait que conseiller de retourner sagement au patrimoine sportif le plus enraciné dans nos cultures. Les Basques relancent le « rebot », cousin de leur habituelle pelote. Canal Plus devrait donc songer à rediffuser des championnats de « jeu de paume ». Plus simple enfin, la bonne vieille pétanque : voilà un sport bien français, sans grand danger, présentant un modèle social fort convivial (« Eh jobastreux, tu reprennedra biengue un douzièmeux pastisseus ? ») à la stratégie facilement compréhensible (« Tu tireux ou tu pouinnteux ? ») et surtout, surtout, aimé d'absolument tout le monde. A-t-on déjà vu quelqu'un, franchement, à qui la pétanque foute les boules ?

DE LA FORME

On a parlé, jusqu'ici, du vrai sport, c'est-à-dire de celui qu'on voit à la télé ou qu'on lit dans *L'Équipe*. Il ne faudrait pas oublier en route un phénomène assez troublant. Il affligera les honnêtes générations qui ne sortaient leurs Adidas et leurs petits shorts satinés que pour suivre la finale des Cinq-Nations, sur la deuxième chaîne, avec une ou deux Kronenbourg. Mais c'est ainsi. Les années quatre-vingt ont accouché d'une déprimante révolution en matière de sport : on s'est mis à en faire.

On a appelé ça « la forme » et, dans le fond, on ne sait trop d'où ça vient. Peut-être des États-Unis, et plus précisément de Californie où cette mode (ex)haletante s'était imposée peu avant. Et sans doute par réaction avec la décennie précédente. Avant on ne se musclait que l'esprit, ou l'on s'exerçait l'âme (zen, méditation transcendantale). Puis à force de se regarder le nombril, on s'aperçut avec horreur que ce petit trou originel s'enfonçait désormais dans de flasques couches graisseuses. On s'est découvert des ceintures abdo-minables. Du coup, tout le monde voulut brusquement devenir Rambo et con à la fois. Les grands débats partirent sur un autre angle : « Tu t'abonnes à *Vital* ou à *Physics* ? » On carburait aux vitamines. Les magasins de sport s'en mettaient plein les poches K-Way : La Hutte sortait du bois où le scoutisme l'avait confinée depuis des siècles,

Le Vieux Campeur annonçait fièrement qu'on pouvait déposer, dans ses magasins, des listes de mariage (pour épouser une canadienne ? ou se marier avec une tante ?).

Le Seuil éditait Jane Fonda. La France du dimanche matin ressemblait à une pub Vittel. L'augmentation du nombre d'inscriptions dans les clubs de gym était proportionnelle aux pertes électorales du parti communiste. Toute une époque.

Les disciplines pratiquées se déclinaient à l'infini. On inventa le *jogging*. Les marathons étaient de plus en plus courus. Le moindre plan d'eau s'embouteillait sous les planches à voile, les pistes blanches sous les monoskis. ULM désignait jadis une brillante victoire de l'Empereur ou, au pire, l'École normale chère à Blum, Pompidou, et autres Sartre. Ça voulait dire désormais « ultra léger motorisé ». Même les mots nous lâchaient.

Du reste, ça nous était indifférent. Les seules choses dont il importait qu'elles ne nous lâchâssent point, c'était nos poitrines et nos ventres. On découvrait le *body building*. On admirait Rocky. Derrière Véronique et Davina, papesses de l'aérobic, nous étions sur nos moquettes, tous les dimanches matin autant d'aéro-chèvres. Les entreprises annexaient des salles de musculation à leurs bureaux, pour écraser leur concurrence à tour de bras de fer. On n'adorait plus qu'un dieu, le corps. Nous tournions notre culte vers les fessiers. Notre seule religion ne dépassait pas le niveau des pectoraux. Du Vita-Top au Gymnase Club, tout le monde se mit à suer sous la fonte. A l'heure du déjeuner, au lieu de s'enfiler un steak-frites à la cantine, on se glissait dans des *bodys* à rayures et des guêtres fluo. Le soir venu, la chaude et odorante intimité des vestiaires remplaçait avantageusement celle des salles obscures. Ébahis par la prestance et la classe musculeuse de moniteurs en survêtements verts (pomme), nous étions, pour l'amour d'eux, prêts à toutes les souffrances et à toutes les humiliations : le spécial « culotte de cheval », les terribles « chaises romaines », ou, pire encore, la soirée de fin d'année avec « tous les amis du club ».

OÙ LA GONFLETTE
A SON COUP DE POMPE

Enfin ! Ce temps-là n'est plus. On ne sait plus trop comment le vent a tourné, mais il a tourné. Il a même tourné à l'aigre. On n'en finit plus de décliner les horreurs qui guettent les excités du biceps. James Fixx, père du jogging et de l'aérobic, s'est effondré à jamais, salement lâché par ses aortes. Les lits des services d'urgence ne désemplissent pas de victimes des courses dominicales. Et l'on ne parle pas des tendinites, des microtraumatismes, des tassements de vertèbres, des fractures par plâtrées entières. *My kinesitherapeute is rich.* Inès de la Fressange elle-même a achevé le mouvement d'une phrase assassine : « Le sport ! Quelle horreur ! Courir détruit la colonne vertébrale ! L'aérobic fait tomber les seins. Et puis on sue, on a la mine défaite, des cernes... » On murmure que la sculpturale Brigitte Nielsen, ex-camarade de jeu du grand Stallone, l'a laissé tomber comme un vieux collant parce que le développement outrancier des deltoïdes et autres abdos ne lui assurait pas, par ailleurs, une fermeté garantie en toutes circonstances. Bref, la gonflette a son coup de pompe.

Aussi, depuis quatre ou cinq ans, déjà, on ne jure plus que par la « forme tranquille ». Pour battre la fonte encore chaude, certains sont venus se placer directement sur le créneau de feu l'aérobic, mais en amollissant le régime de douleur : on stretche, on fait du *low impact aerobic*, version *soft*, de la gym aquatique, ou de la simple « gym d'entretien », qui n'est pas, comme son nom pourrait le laisser croire, réservée aux femmes de ménage, mais signifie qu'on ne fait que « s'entretenir », et non se crucifier, comme avant. Ensuite, à en croire certain parcours de « l'après-aérobic » publié par *Biba*, on semble retrouver une tendance trop vite enterrée. Ici, « dans un appartement tendu de tentures indiennes et africaines... on écoute les sons apaisants d'un vibraphone... », là, on va chez une « psychopédagogue et relaxologue qui pratique la biorythmique... ». Partout, on se « retrouve », on « s'épanouit ».

On l'a compris. On les a vus sortir il y a dix ans par la porte arrière de la branchitude, les voilà qui reviennent par les vestiaires des salles de *biogym*. Ressortez les survêtements mauves : les babas sont de retour.

Comment, dans la même veine tranquille, ne pas dire deux mots du golf ? Ah ! le golf ! Tant qu'il ne concernait qu'une bande de vieillards en pantalons à carreaux qui trouvaient chic de passer leur vouikende devant des petits trous, sur un gazon, à parler sans pudeur de leurs handicaps, encore, ça ne dérangeait personne. Mais on le voit bien, celui-là, prendre le chemin que prit le tennis, il y a dix ans. Les maires commencent à allonger les *greens* sur leurs programmes électoraux. Le *Figaro-Madame* l'assure : « On se rue sur le golf. » Autant dire que ça doit commencer à être atrocement vulgaïïre. Il y aura bientôt autant de monde au trophée Lancôme qu'à l'ouverture de la foire du Trône.

OÙ L'ON CONCLUT

Non, il faut aujourd'hui, ici, comme ailleurs, se réfugier dans les valeurs sûres. Les billes sont sans danger, sinon à cause des crampes du majeur, dont on guérit facilement. On ne connaît pas de pathologie du badminton. Le jokari est sans conséquence néfaste sur la puissance sexuelle.

Les frères Di Rosa, tant célébrés pour leur « figuratisme libre », *top* branché en son temps, viennent de construire un aqualude au Grau-du-Roi. C'est peut-être le moment de s'entraîner pour les compétitions de toboggan de piscine. Et les jeunes gens modernes se font d'ores et déjà livrer du charbon. Ce n'est pas pour se chauffer. C'est pour préparer les championnats de course en sac du Club Mickey.

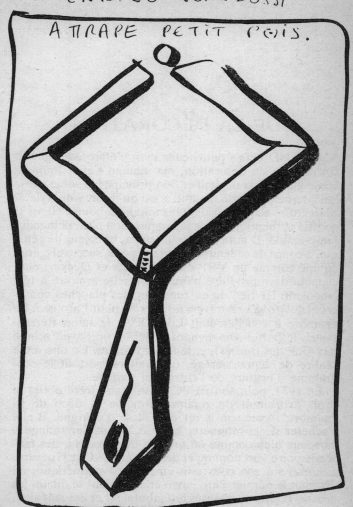

DE LA DÉCORATION

QUAND j'étais petit, chez moi, c'était assez gentil. En matière de décoration, ma maman s'était toujours laissé guider par un seul et bon principe : la seule chose qui compte, pour un meuble, c'est qu'il soit « de style ». Mais enfin, au prix où allait le moindre tabouret Henri II certifié authentique, il ne fallait pas, non plus, demander l'impossible. D'autant que mon papa, bricoleur de génie qui, à coups de cadeaux de fête des pères successifs, était équipé comme un VRP de chez Black et Decker, était capable de reproduire n'importe quelle armoire à télé Napoléon III rien qu'en regardant les planches consacrées au *Mobilier à travers les âges* du petit Larousse. La chambre à coucher était Louis XVI, le salon Renaissance, le buffet *campagnard* (celui-là, on l'avait acheté aux Galeries Barbès), et le *living* Empire. En une seule séance de dépoussiérage, on avait révisé tout le programme d'histoire de l'entrée en sixième.

En 1973, pour son BEPC, mon grand frère obtint le droit exorbitant de refaire lui-même la déco de sa chambre. Avec son livret de Caisse d'épargne, il alla s'acheter de la moquette marron, du papier orange à carreaux bleu comme un tableau de Vasarely, des fauteuils-poire vert pomme et des posters de Che Guevara. Étendus sur son couvre-lit en léopard synthétique, on écoutait le dernier Pink Floyd en regardant se dilater les grosses boules visqueuses qui montaient et descendaient dans la tubulure de sa lampe de chevet. L'ensemble était un peu difficile, parfois, à l'heure de la digestion, mais néanmoins très réussi : c'était *pop*.

Et puis moi, quand j'en suis arrivé à l'âge de me bricoler une petite chambre d'étudiant douillette, j'ai appris avec un brin de tristesse que ce bon temps était fini. On entrait dans les années quatre-vingt. Le *pop* était flapi. On ne jurait plus alors que par le *high tech*.

LOFT STORY

Du reste, avec ma chambre d'étudiant douillette, je faisais furieusement *has been*. La tendance était au hangar désaffecté. On se souvient qu'à l'époque, les stylistes faisaient des vêtements qui donnaient l'air de sortir d'un bombardement nucléaire. Ça tombait bien. Pour son intérieur, il fallait recréer le décor d'*Allemagne année Zéro*, façon chantier de reconstruction planté au milieu d'un terrain vague. On avait connu plus coquet, mais enfin, c'était « postindustriel ».

Les principes étaient simples. D'abord, il fallait de grands espaces (prononcer *loft*). Moins de dix minutes, en roller-skates sur le linoléum (gris acier), entre les vécés et le téléphone faisait demi-genre. On traquait les ventes de garages, d'ateliers, d'usines. On faisait une cour assidue aux bouchers en gros : « Et vous êtes sûr que vous n'avez pas un entrepôt frigorifique en trop à me sous-louer ? » Et surtout, vu le prix au mètre carré, on investissait des quartiers jadis impensables, comme l'inévitable Bastille ou le quai de la Loire qu'il était donc urgent de brancher : « Je t'assure, quand on regarde bien c'est beaucoup plus central que les Halles. »

Pour la décoration, on redécouvrait la beauté sauvage du matériau brut. On avait aimé jadis les poutres apparentes. On donnait désormais dans le parpaing à nu. « Chéri mets ton casque », remplaçait le traditionnel : « Chéri mets tes patins. » La salle de bains virait au bloc opératoire. Et, au milieu de *la* pièce unique (662 m²,

4 000 F de chauffage par mois), deux chaises métalliques se battaient en duel sous un éclairage au néon, devant un paravent de palissade graffitée. C'était beau comme un pôle de reconversion industrielle dans la banlieue de Longwy.

MIEUX VAUT STARCK

Finalement, ce genre austère vint à lasser. Montand criait : « Vive la crise » à la télé. On la trouvait du coup beaucoup moins drôle. Et on se prit curieusement à se tourner vers celle, la Grande, qui l'avait précédée cinquante ans avant. On ne jurait plus que par le trente. Ah ! Ces lignes pures, ces noirs, ces chromes et ces effets géométriques ! On tentait de reconstituer dans le salon le fumoir du *Normandie* (sans le tangage). On se serait damné pour une des fameuses chaises de Mallet-Stevens. On mettait son culte sur ses commodes. Grâce à quelques expositions opportunes, les grands noms de l'époque, ceux du *Bauhaus*, les Ruhlman, les Charlotte Perriand, les Marcel Breuer devenaient familiers. Comme pour le chiffon, la bédé ou la cuisine, on se mit à réaliser que le *design* aussi, c'était de l'Art. Après les grands ancêtres, les contemporains émergèrent. On eut Pascal Mourgue, Christian Duc ou Wilmotte. Jack Lang commanda son mobilier à Andrée Putman, initiatrice par ailleurs des rééditions 1930.

Et surtout, surtout, prince du genre, empereur du *style*, on eut Philippe Starck. François Mitterrand l'avait fait connaître en lui demandant, vers le début du premier septennat, de meubler quelques pièces du palais de l'Élysée. Comment ignorer celui qui avait dessiné ces chaises et ces fauteuils où le président de la République devait poser sa prestigieuse fonction ? D'un même trait de Rotring, il allait embrayer sur le Café Costes, lui conférant, de la terrasse aux cabinets (au fond, à gauche avant le bar), son incomparable *touch*. C'est dans ces toilettes célèbres, d'ailleurs, que les masses devaient être

74

saisies de l'indéniable supériorité du Maître. Entre les urinoirs qui coulent comme des panneaux de douche et les lave-mains qui ressemblent à des cuvettes, ce sont les seuls vécés du monde qui donnent aux utilisateurs l'illusion du plaisir, rare dans les lieux publics, mais tellement jouissif, de pisser dans le lavabo.

A Starck was born. Il se partageait entre Paris, Tokyo, Houston et le catalogue de La Redoute. Ici, il fait une boîte de nuit. Là, disent les revues de luxe « il passe sept mois sur un lavabo ». Le *maestro* serait-il atteint de graves problèmes gastriques, y épancherait-il son dégoût de la laideur du monde ? Que nenni ! Il « est sur un nouveau projet d'hôtel ». En 1987, un livre lui rend hommage : *Philippe Starck, mobilier 1970-1987* ; la revue *City*, dans son numéro de janvier 87, et après un long entretien, s'incline : « Devant une œuvre d'art, il faut aimer ou se taire. »

Soit. On aime. On l'avoue, on continue à aimer la plupart des meubles de Starck, de Putman, des maîtres des années trente. Mais on nous permettra de ne pas nous taire devant les outrances auxquelles cette « *design mania* » a fini par conduire.

On a applaudi devant la belle démocratisation que représente l'introduction de Starck et Putman au catalogue des Trois Suisses. N'empêche. Ces « beaux objets indispensables » dont on nous rebat les pages shopping des magazines restent quand même très extérieurs à la plupart des intérieurs. Ici on propose un « samovar signé Renzi à 2 850 F » (si par hasard Raissa Gorbatchev venait pour le *brunch*, on ne va quand même pas lui faire un darjeeling en sachet). Ailleurs un « couteau à découper japonais en manche en bois à 940 F ».

Les signatures (si possible à consonance italienne) envahissent les batteries de cuisine. On a des bouilloires Alessi, des cafetières Rossi (en tirage limité). Pire, les objets eux-mêmes se font un prénom ou un nom. On lit, dans une page *Design* du magazine *Glamour* qu'un groupe d'artistes nommé Raison Pure a commis un luminaire (en français : lampadaire) appelé « Sainte

Thérèse d'Avila ». (« Chéri baisse un peu le Sainte Thérèse. ») A tous les coups ça fera un tabac chez Lévitan.

Enfin, dans la grande vague du lifting des objets de tous les jours, nos créateurs s'attaquent à tout ce qui leur tombe sur la planche à dessin. Raymond Loewy, père fondateur de cet art du quotidien, s'était déjà penché, naguère, sur les paquets de Lucky Strike ou les stations Shell. Cette fois, les *designers* ont refait la bouteille de Vittel (Peter Cook), les machines à laver (Missoni) et les punaises (Roger Tallon). Et Starck, on s'en souvient, a *relooké* les pâtes Panzani. Bon. Ça encore, ça n'a rien de criticable. Ce qui est crispant, c'est la façon « tellement simple » dont il en parle (toujours à *City*) : « Pour moi cette pâte est totalement cohérente, totalement sémantique, c'est un objet totalement réussi. » Pour avoir fait une pâte aussi sémantique, il faut vraiment, à l'oral, être un maître du style nouille.

COSY FAN TUTTE

Tout ceci change peu à peu : « Aujourd'hui, le style est trop à la mode. On a enfin compris qu'il n'a plus rien à voir avec le bon goût. » C'était Andrée Putman elle-même qui le déclarait au *Monde* en août 1988. Elle ajoutait d'ailleurs qu'elle « ne prévoyait pas de nouvelles rééditions. Ce mot est devenu un gag, un prétexte à faire du style trente un petit fonds de commerce ».

Le trente, en tout cas, prend un peu le large. Depuis un ou deux ans, les revues chics affectionnent les ambiances néo-coloniales, les acajous et les bois de loupe. Le rotin, disparu avec les derniers vestiges de la mode « retour de Katmandou », réapparaît dans les salons « anglo-indiens ».

Et il semblerait que les nouvelles tendances, plus frileuses, plus douillettes, se replient vers le *cosy*.

Le bois blond, plus chaleureux, remplace le bois blanc. Les coussins en chintz, les imprimés des couettes retrouvent des fleurettes oubliées depuis longtemps sous les motifs à la Delaunay. Les abat-jour reviennent enfin faire un peu d'ombre aux années de dictature de l'halogène. Les doubles rideaux détrônent les stores vénitiens. Enfin certains meubles repointent le bout du pied (de chaise), rappelant les délices d'occupations perdues. On s'alanguit sur les méridiennes chères à l'Empire ou les conversations, chaises siamoises où les interlocuteurs se voient de profil. Bref, c'est le retour des meubles propices aux deux plus grands plaisirs d'un intérieur *sweet* : la lecture et le bavardage. Et l'on redécouvre également, ressuscités après des années de matelas au ras du sol, les vrais lits en hauteur, avec une tête et des pieds. Ils permettent de varier enfin les pratiques du troisième sport domestique, le plus doux. Le sommeil.

DU SEXE

C'ÉTAIT il y a longtemps. Les journaux s'enflammaient : « Un fléau jusqu'alors inconnu menace la sexualité des Français. » Les nouvelles du front de l'Ouest étaient terribles : « Aux États-Unis, l'inquiétante progression de l'épidémie provoque une véritable psychose... » Et l'avenir, apocalyptique : « Les chercheurs ne connaissent aucun remède. »

Ô époque de délices ! Ô paradis pour longtemps perdu ! Ce « fléau », c'était l'herpès.

Les années quatre-vingt, donc, commençaient. La France, qui avait connu, au temps des colonies et des hôtels borgnes, la « chaude-pisse » et la grande « vérole », découvrait les MST. C'était le mot à la mode, l'épopée du moment.

Les Français apprenaient que, sans qu'ils le sussent, tout un bestiaire poétique et charmant s'ébattait dans leurs petites culottes de grands zouaves. Là, des gonocoques croisaient des tréponèmes mâles, là, des trichomonas coiffés de crêtes de coq cueillaient des candidas albicans dans des forêts de salpingites. Délicieuse églogue ! Et les médecins qui nous alarmaient : « Stérilité ! risque de cancer accru ! » Et nous qui jouions à avoir peur. Le simple mot d'herpès nous donnait des boutons. La syphilis nous rongeait d'effroi. Enfants gâtés que nous étions !

Hélas ! cet heureux temps n'est plus. Pourquoi donc, chers petits animaux invisibles, n'avez-vous pas fait de plus vieux zoos ? Pourquoi n'avez-vous pas su vous allier, faire un front commun de Maladies Pas Si Terribles pour repousser les assauts de la bête immonde qui vous éclipsa tous ? Pourtant cette pieuvre odieuse prit son temps pour croître, et croître encore, et croître toujours, et étrangler le monde entier dans ses ventouses. On la vit grossir peu à peu, rôdant chez nos amis américains, fauchant en Haïti avec plus d'efficacité sanglante encore que les bourreaux de Bébé Doc. Elle resta masquée d'abord. On disait « c'est une sorte de cancer de la peau ». On la croyait lointaine. Puis on lui prêta des noms divers que nous ne comprenions pas. Ici, l'on disait HIV, là, on disait LAV. Mais nous, nous avions compris une seule chose. Il s'agissait d'une Saleté d'Infection Désormais Acquise.

Voilà le mot jeté. On n'en dira pas beaucoup plus sur cette plaie elle-même. C'est une Saloperie Indigne d'Autres Articles. Il y en a déjà eu des milliers. On connaît les statistiques qui grimpent et grimpent sur le mont Noir des grands deuils de l'humanité. On connaît les morts célèbres. Et l'on connaît la liste qui s'allonge sur le grand monument au Malade Inconnu.

Ensuite, à notre avis, c'est un Sujet d'Intérêt Difficilement Amusant. Il a bien donné déjà quelques plaisanteries (« Pourquoi est-ce qu'il faut absolument avoir le SIDA cette année ? Parce que l'année prochaine tout le monde l'aura »). Mais il y a quand même, dans ce bas-monde, deux ou trois choses un peu plus gondolantes.

A défaut, hélas ! d'avoir sous la plume le moindre renseignement sur les chances d'un vaccin et d'une thérapie, la seule chose à nous intéresser encore dans ce sidérant SIDA ce sont les comportements qu'il a induits. On a vu, d'abord, les indifférents, blindés dans une libido tristounette et une rare largeur de vues : « Sida ? Moi ? Jamais ! c'est des trucs de pédés. » Les spécialistes n'avaient-ils pas eu le bon goût de discerner soigneusement quelques « populations à risques ». Mais enfin après avoir fait le compte, entre les pédés, les bisexuels, les drogués, les multi-partenaires, les femmes de militaire au Tchad, les transfusés, les hémophiles, les apôtres du rapprochement franco-américain, les cousins du Zaïre, les personnels hospitaliers, la main de ma sœur, et tous ceux qui ont tâté des précédents, comme *population pas à risques*, il devait rester à peu près deux personnes, en comptant la Sainte Vierge.

Du coup les indifférents ont cédé la place aux paniquards, race qui se reconnaît au flacon d'Ajax qu'elle a toujours sur elle (« Si des fois je devais téléphoner d'une cabine ») et à son odeur persistante de Javel Plus (« Je m'en fais des gargarismes, comme ça, au bureau, j'ai plus peur de faire la bise à tout le monde »).

Et enfin, arrivés ravis dès les premières atteintes du mal, on a vu sortir de leurs bénitiers intégristes les cousins de la *moral majority* américaine, jubilant soudain après cinquante ans de plaisirs trop solitaires dans les arrière-salles de leurs sacristies : « C'est bien fait ! Voilà ce que c'est d'aller tremper son pinceau là où le doigt de Dieu nous interdit de mettre la main. » Évidemment, on ne disait pas tout à fait ça. On l'enrobait du jabot à dentelle de nouveaux mouvements de mode : on s'intitulait « néo-chastes », comme aux États-Unis, ou « nouveaux romantiques », comme dans *Le Figaro-Magazine*, mais dans le fond, tout cela était de la même eau bénite.

Très peu pour nous. Il ne serait pas dit que nous sortirions des années quatre-vingt la queue entre les jambes à cause d'une ordure de rétrovirus de moins de deux microns d'épaisseur. Et l'on peut bien, en cette fin de décennie, se dresser un bilan de santé pas trop inavouable. En ces temps barbares de dictature d'une petite bestiole, bien des malheureux sont morts d'aimer. Les autres ont appris à vivre avec. Évidemment, sous les coups de boutoir du nouveau mal, le plaisir a subi quelques glissements progressifs. Évidemment, on a allumé, selon la jolie expression de *Libération*, nos

« nouveaux codes amoureux ». Et l'on a inventé bien des produits de substitution à des pratiques, hélas! en hibernation. Mais enfin les mal-aimés qui espéraient voir cette maladie Signer l'Interruption Définitive de l'Amour peuvent aller se recoucher dans leur lit à une place. Malgré les lâches attentats qui abîmèrent sa vitrine, la décennie quatre-vingt a de quoi en revendre au rayon nouveautés du grand bazar de l'Érotisme.

DU LATEX

Gomme, unique objet de notre sentiment. Le vers cornélien s'impose. Quand on eut les premières nouvelles du front de la contamination, on comprit qu'on sombrait en pleine tragédie. L'amour était cerné. Toutes les routes agréables qui y menaient étaient coupées. Les spécialistes étaient formels : « Pas ceci, pas cela, plus par ici, plus par là. » A les en croire, on ne pouvait plus compter que sur soi-même pour satisfaire sa libido sans tomber dans les griffes de l'ennemi. C'était oublier le génie militaire des Sections Spéciales de Réserve, mères du Sexe Sans Risque, qui prônèrent la défense élastique. La voilà la parade ! On ressortit, comme à Verdun, nos vieilles capotes.

On se souvenait du temps où les pharmaciens les glissaient dans leur « tiroir de la honte », où la vieille « redingote anglaise » se vendait sous le manteau. Elle devint brusquement la mascotte de l'époque, le caoutchouteux symbole du temps. On abordait les rigueurs du moment d'un beau profil lactique. On ne se souvient pas, pour toute la décennie, d'un objet qui fut aussi gonflé de l'enthousiasme populaire. Sauf peut-être François Mitterrand. On la voyait partout. *Globe* en glissa quelques-unes dans un de ses exemplaires. Les mauvaises langues persiflèrent : « Enfin quelque chose d'un peu pénétrant dans *Globe*. » Michèle Barzach lui ouvrit les voies de la publicité. On installait des distributeurs dans les toilettes, les facs, les magasins. Un groupe de *gays* roses en distribua au congrès du parti socialiste. Michel Rocard en fit l'emplette. La MNEF offrit à ses adhérents le petit objet, et son mode d'emploi, collé sur une carte postale (« Bons baisers d'où tu sais ? »). La revue *50 Millions de consommateurs* elle-même, toujours prête à placer le panier de la ménagère là où il faut, publia un grand banc d'essai de tous les préservatifs en vente sur le marché. Et dernièrement, les très chics agendas *Filofax* ont risqué une poche spéciale « *Safe fax* ».

Hourra ! criera-t-on. Le mal doit donc être vaincu. Ses attaques enrayées. Le monstre hideux pris dans les rets gommeux de la vigilance et du civisme communs. Hélas non ! Il faut déchanter. Les médias et les commerces s'éclatent avec le délicieux ustensile. Mais les grands crétins d'utilisateurs, eux, s'obstinent à ne pas être emballés par le phénomène. Les Allemands, les Anglais, les Japonais, les Italiens, avec leurs chiffres de consommation exemplaires, nous dament le pion. Et nous, nous faisons figure de collégiens mal dégourdis. Heureusement, les choses changent un peu. A en croire certains sondages, la jeune génération commencerait à comprendre qu'en amour, il faut savoir prendre des gants. Mais les autres... Les magazines regorgent de confessions affligeantes : « J'ose pas sortir ça de ma poche », « Ça me coupe le sifflet », et « Avec ça à la main, j'aurai l'air de quoi ? ». On a l'air de quoi ? Ah oui, vraiment. On s'autoproclamait, jadis, le « peuple de l'amour », la nation de la galanterie. Que de héros ! Que de courage désormais ! Pas même capables d'affronter quinze centimètres de caoutchouc pour protéger un être aimé. Il y a vraiment des réputations qu'il faut faire capoter.

ULLA, SABRINA, NATACHA ET LES AUTRES

Les Chinois ont inventé la poudre, les Américains le Coca-Cola, et les Espagnols la *movida*. Les Français, eux, ont inventé la DAO, la drague assistée par ordinateur. Introduit au début de la décennie pour contrôler son compte en banque et prendre des billets de chemin de fer, le Minitel s'est spécialisé rapidement dans le guichet d'embarquement pour Cythère. On ne rentrera pas plus avant dans le fonctionnement des messageries. Tout le monde connaît maintenant son *36-15* sur le bout des doigts. Même la cousine Lucette, visitandine à Nevers, s'est essayée à l'occasion aux plaisirs profanes d'Aline, Ulla ou Turlu. On peut bien l'écrire, maintenant : Divina, c'était elle.

Mais aujourd'hui, l'engouement pour ce petit écran semble marquer le pas. Assommées par des factures téléphoniques prohibitives (« Et tu vas pas me faire croire, chérie, que c'est en téléphonant à ta mère à Pantin qu'on est arrivé à 40 000 F de téléphone pour deux mois »), les passions télématrices se sont un peu assagies. Les patrons, grands pingres qui ne mesurent pas l'impérieuse nécessité d'avoir un personnel épanoui, bloquent désormais la plupart des Minitels sur le *11*, le code de l'annuaire téléphonique. Et certaines sociétés de services télématiques, poussées par une concurrence sanglante, se sont mises à employer des procédés (piratage d'autres réseaux, prostitution, entraîneuses) dont le caractère franchement convivial est assez flottant.

N'empêche. Plus de cinq ans après l'ouverture du « kiosque » et les premières messageries, on ne peut, globalement, que se féliciter. En ces temps où de tous côtés on pleure de solitude, comment ne pas bénir *Hermès*, dieu des postiers, d'avoir ouvert à tout un chacun le plus grand bal masqué de l'époque contemporaine. Le Minitel a fait plus encore. Après des dizaines d'années de civilisation de radio, de télé, de téléphone, quelques Cassandre malveillantes nous annonçaient l'irrémédiable déclin des civilisations littéraires. Et voilà, sitôt les écrans noirs posés sur les nuits blanches, que tout le monde s'est remis au clavier, retrouvant un goût des formules, des textes, que l'on croyait perdu à jamais dans l'univers cathodique, retrouvant, enfin, la meilleure façon de pêcher, qui est de pêcher à la ligne.

OÙ LES FRANÇAIS FONT L'ÉPÎTRE

Les abonnés au *Times Literary Supplement* et les exclusifs de l'érotisme d'André Pieyre de Mandiargues ne l'auront sans doute pas remarqué. Pourtant les années quatre-vingt ont accouché d'une trouvaille qui est venue bouleverser les données de la presse spécialisée. On connaissait jusqu'alors *Union* (prononcer « magazine des rapports humains ») et ses poétiques fiches techniques « Spécial prostate » ou « Comment vaincre l'éjaculation précoce » ; *Lui* (prononcer « magazine de l'homme moderne ») ; ou encore *Playboy*. On découvre brutalement un genre nouveau : le magazine par lettres. Ce sont ces petits formats à bon marché qui fleurissent dans les kiosques, type *Courrier secret, Lettres magazine, Septième Ciel*, ou, un peu moins grand public, *Lettres gay*. Ils ne contiennent que des lettres de lecteurs détaillant leurs prouesses horizontales : « Comment j'ai découvert l'amour avec mon aspirateur, par Ginette H. 57 ans, Châteaudun. » On n'en dira jamais assez de bien. C'est d'un achat discret et facile. Au pire, si on croise son chef de bureau au kiosque avec *Lettres de femmes* à la main, on pourra toujours lui faire croire, grâce au titre, qu'il s'agit d'une étude sur la postérité de Mme de Sévigné. C'est très instructif quant aux habitudes de ses contemporains. Ça peut emplir le quotidien d'une poésie insoupçonnée, le troubler de questions audacieuses : la boulangère est-elle la fameuse « Josiane V. qui a connu le bonheur dans le pétrin ? » Les chiens de compagnie, le matériel de cuisine, les plombiers, les autobus prennent une dimension qu'on ne leur aurait jamais imaginée. Et, enfin, le tout est d'une indéniable qualité littéraire. Certes, il y a un peu trop de « pieu brûlant » et de « hampe gigantesque » pour faire vraiment naturel. Mais il y a des trouvailles aussi, qui rachètent largement ces gaucheries. Un seul exemple. Christine H. est frôlée de très près dans une rame par un Apollon vigoureux qui la suit. Elle sort du métro et, fulgurante et géniale, écrit : « La pluie commençait à mouiller. Elle n'était pas la seule. » Devant un tel sens de la formule, les Bataille et les Sollers peuvent aller se rhabiller.

L'AMOUR AVEC LES CHAÎNES

Si l'écrit a enfin retrouvé le sens des chuchotements, il ne faudrait pas croire pour autant que l'audiovisuel soit resté sage comme une image. Seul le cinéma porno a pâti de cette décennie : la fréquentation des salles s'est effondrée. Que les puritains n'aillent pas pour autant se réjouir. Le public a simplement quitté le porno en salle parce qu'il a découvert la vidéo, invention de génie, qui permet désormais d'apporter les joies des *Amourettes suédoises* et autres *Ça glisse au pays des merveilles* jusqu'au fond de nos campagnes.

La télé ne pouvait, dans ce mouvement, demeurer à la traîne. Ses motivations, bien sûr, ne sont pas d'une totale pureté : on le sait, en ces temps de concurrence accrue, elle est plus intéressée par l'évolution de son audience que par celle des mœurs. Qu'importe, on a découvert que notre fameux PAF était prêt à toutes les audaces. La radio, vers 1981-1982, à une époque où on la disait encore libre, avait déjà soulevé les rideaux des alcôves. C'était l'*Amour en direct* sur Carbone 14, une des radiodiffusions les plus spontanées et les plus écoutées depuis *la Famille Duraton*. Le petit écran a suivi. Mais, hélas, avec moins de bonheur. Seul Canal Plus a su faire les choses franchement en diffusant tous les mois un *hard* dur de dur. Les autres chaînes se sont creusé les cathodes pour mettre un peu de grands frissons sur leurs petites lucarnes. On a eu la vague de *Psy Show*, d'abord, avec le célèbre couple de garagistes qui est venu expliquer ses pannes des sens ; puis les *Sexy Follies*, ni très sexe, ni très folles ; puis les clips dénudés sur M6. Même FR3 a sorti des « séries roses », tirées de Maupassant ou Zola, à vocation plus culturelle. Tout ceci est gentil et charmant. Mais enfin, à part les grosses colères du *Figaro-Magazine*, franchement : qui est-ce que ça excite ?

DE QUELQUES NOUVELLES
TENDANCES

Il semblerait, qu'on s'apprête, à l'orée des années quatre-vingt-dix, à réhabiliter le « *sexy* », vieille notion qui sent son *glamour* de comédie américaine, et que l'on avait un peu perdu sous les *hard* de la fin des années soixante-dix. *Globe,* qui lui a consacré un numéro spécial en août 1988, éditorialisait : « Les années quatre-vingt-dix seront sexy ou ne seront pas. A l'ère de la chasteté obligée et du post-conservatisme *yuppie*, le *sexy* n'est pas qu'un accident de la mode. » Cupidon a du plomb dans l'aile. Voici donc ce que l'on a inventé pour lui redonner des couleurs. Un succédané, une sous-marque de sexe. Le « *sexy* », dont la phrase lige est : « On peut voir, mais pas toucher », peut sembler effectivement une solution assez sûre en ces époques risquées.

On nous le joue sur toutes les gammes. Entre deux adaptations à l'écran des *Liaisons dangereuses* ou les décolletés Pompadour des créateurs, on relance le marivaudage, version Ancien Régime du *sexy*. Tout un chacun a droit à l'épithète : Tonton, Bernard Rapp ou Mickey Rourke sont *sexy*. Les femmes, dit-on dans les magazines, retrouvent le goût de l'« affriolant » : c'est le fameux « retour des pulpeuses ». Béatrice Dalle, Mathilda May, à l'écran, Sabrina dans la chanson, ou les mannequins Marthe Lagache et Rosemary MacGrotha mettent la mode au balcon.

On ne va pas jouer les bégueules. Le *sexy* vaut tout de même mieux que l'atroce vague américaine de puritanisme à col dur qu'on a voulu voir déferler chez nous. Mais il ne s'agit pas d'oublier, derrière cette façade de pulpeux, de frou-frou, d'érotisme *soft* un peu cul-cul, le sexe, le vrai.

C'est qu'à force de laisser leurs sens interdits, il y en a qui vont finir par dérailler sur des voies de garage. Un seul exemple. On le tire de ce même numéro spécial de *Globe* et il montre à quelles horreurs tout cela peut conduire, si l'on n'y prend garde. C'est la Duras, symbole *sexy* notoire, qui raconte. Il lui est arrivé un drôle de coup dans une *party*, très précisément à la fête donnée en l'honneur de l'élection de Mitterrand. Elle était assise à une table avec « des ministrables, des amis, des vedettes ». Un jeune homme est venu « se serrer tout contre moi ». Un admirateur pensera-t-on. Devinez ce qu'il faisait : « Il se branlait », si, si, c'est elle qui le dit. Il se faisait un petit plaisir en rêvant, sans doute, qu'il effeuillait la Marguerite. Croyez-vous que ça lui causât du souci ? Point du tout : « Il avait ce droit aussi », dit-elle. C'était son devoir d'écrivain à elle d'accepter les épanchements de ses contemporains. Mieux, c'était son privilège. Car elle ajoute : « Ce jeune homme ne serait pas allé se branler contre Bouygues. » Sainte Vierge de l'Enfant Jésus, protégez-nous, effectivement, de telles extrémités.

LOVE

DE L'AMOUR

NOTE au lecteur: Par un hasard miraculeux, nous avons retrouvé, dans quelque poche de *Perfecto* oublié, un journal intime courant sur l'ensemble de la décennie. Indiscrets mais pédagogues, nous avons pensé que la meilleure façon d'illustrer ce chapitre sur l'amour était d'en donner, en prologue, quelques morceaux choisis.

15 FÉVRIER 1979 : Hier, soirée *destroy* au Gibus. Avec ma bande, on est allé voir le concert de la Souris Déglinguée. Pogo d'enfer. On criait « *kill kill kill* » en descendant des kros. J'ai branché une meuf assez mettable. C'est une copine à Johnny, le batteur des Pourritur's. J'ai d'abord pensé la... (des taches de bière ont malheureusement rendu illisible cette partie de la phrase) comme une bête dans les... (autres taches) mais c'était tout le temps occupé. Finalement, je l'ai ramenée chez moi. Mes vieux sont à La Baule. Comme cette conne de femme de ménage a balancé ma dernière provision en croyant que c'était un vieux sachet de bicarbonate, on s'est rabattu sur le ouiski de mon vieux. Trois bouteilles. A la paille. Elle a dormi dans le canapé du salon. J'aime bien avoir mes aises quand je pionce. Elle s'est tirée ce matin. J'étais plié au-dessus du lavabo. Elle m'a crié qu'elle rappellerait. Évidemment, je lui ai filé un faux numéro.

12 MARS 1984 : Il m'arrive un truc *strange*. Ça me gonfle de l'écrire. Mais je crois que je suis un peu accro. Je l'ai rencontrée la semaine dernière au défilé Gaultier. Je ne sais pas si c'est à cause de son look ou parce qu'on m'a dit qu'elle était attachée de presse chez CBS mais je l'ai repérée tout de suite. On est allé bouffer aux Halles. Classique : je lui propose de la raccompagner. Alors là ! le bide to-tal ! Je rêve... Elle a pas voulu ! Me faire ÇA À MOI ! La dernière fois que ça m'est arrivé, un truc pareil, je devais être en quatrième. J'en suis resté baba (un comble), tout seul à la station, en voyant s'éloigner son taxi. Le lendemain, *no news*. Je me suis dit : te bile pas vieux, des meufs comme ça, tu claques des doigts et il t'en tombe douze. Mais quand même. Du coup le surlendemain, je craque : je me décide à l'appeler. Je dois dire que sur ce coup-là, j'ai assuré comme une bête : j'avais deux invites pour la fête d'*Actuel*. On se pointe. Ça baigne. Plutôt classe, d'ailleurs, comme teuf. On boit des coups. On serre des pognes, et on cause. Comme d'hab', quoi. Et elle, brusquement, devant le buffet, en traître, elle s'approche de moi et elle ME PREND LA MAIN !!! Là, comme ça, devant tout le monde, devant la moitié de Paris, au bas mot, elle me prend la main, genre le vieux plan *love*. J'ai failli avoir une attaque. Je me suis dit : Oh là là ! si on est repéré par quelqu'un que je connais, je passe définitivement pour un cave. N'empêche. J'ai même pas osé retirer ma main. Et attention, même après ça, j'ai pas eu ma petite récompense. Devant le taxi, même topo : ciao, bisous, on s'appelle. Je vais passer au vernissage chez Agnès B. On sait jamais. Bref, ça commence à craindre pour ma pomme. Je crois qu'un de ces soirs, je vais essayer un plan réchauffe avec la petite brune de l'autre jour. Mais il faudra que je me force. C'est idiot, mais carrément, j'en ai pas envie.

15 JUIN 1988 : Ouf ! retour de week-end. Il faut le dire, la maison des parents de Marie-Sophie est assez divine. Les cousins sont charmants. On a essayé la dernière édition du Trivial Pursuit. Plutôt sympa. Le seul pro-

blème c'est sa mère. Ce qu'elle peut être agaçante, celle-là. D'abord elle s'obstine à vouloir que je la tutoie et que je l'appelle par son prénom. A chaque fois je lui cloue le bec : « Mais belle-maman, vous n'y songez pas. » Ensuite, pire, elle trouve que notre idée de fiançailles est « vieux jeu ». Non mais, elle s'est regardée ? Ce qu'elle peut être *too-much* avec ses 501 et son trip mère *cool* et libérée. Tiens, je suis sûr qu'elle doit être du genre à tromper son mari, tellement elle est *out*.

On s'en fout, dès qu'elle nous lâche, on se fait des gros câlins et on roucoule deux heures dans la baignoire en écoutant France Musique.

8 JANVIER 1989 : Pas grand-chose à signaler. J'ai fait à Marie une nouvelle recette de soupe au cerfeuil. C'était délicieux. On a bouquiné une heure. Puis on est allé se coucher. On dort très bien en ce moment.

On l'a compris. L'horizon est morose.

« La fidélité est à la hausse », « La jalousie est à la mode », « La tendresse est de retour ». On nous l'a chanté sur toute la monogamme. Tous les magazines y sont allés de leur petit refrain sur le couplé gagnant. Gaultier fait des robes pour Pronuptia portées par Arielle Dombasle qui chante : *Je te salue mari.* La belle Birkin étale sa jalousie maladive dans *Elle*. Et les statisticiens l'affirment : le concubinage stagne et le mariage progresse.

Les années quatre-vingt ont connu les temps heureux où il était chic d'affecter d'être dur (on se dit à peine bonjour quand on se croise dans la rue, on s'ignore en société et surtout, on ne se laisse aller à aucun geste de tendresse en public). L'infidélité était un devoir. Sur la lancée d'années soixante-dix préoccupées de se libérer « des schémas petits-bourgeois de la possession amoureuse », depuis mâtinées de punk, on se devait de consommer l'amour comme on consommait les MacDo. *Fast food, fast love,* même combat : ça devait être sale et rapide. La question qui occupait les lits après la chair n'était plus : « Alors, heureuse ? », mais : « A propos, c'est quoi, ton blase ? » On était cynique par habitude. Lio, « amoureuse solitaire », chantait alors : « *Et toi, dis-moi que tu m'aimes, même si c'est un mensonge et qu'on n'a pas une chance.* »

Dix ans plus tard, la décennie a enterré cette vie de garçon. *Les 400 Coups* et les *Baisers volés* ont pris le chemin du *Domicile conjugal*. On vivait de haine et de bière. On vit d'amour et de petits plats. Même Béatrice Dalle, allumeuse repentie, vire à la fée du logis ; la belle plante joue les rosières : « Fidèle ? » lui demande *Paris-Match*. « Oui. Si c'est lui l'homme de ma vie. Pour lui je me suis mise à la cuisine, et mon rêve de bonheur, c'est de lui préparer des plats d'enfer et de regarder la télé à ses côtés tout en faisant un brin de couture. »

Les causes de tout cela sont connues. On sait combien, en ces temps où Cupidon se promène avec des flèches empoisonnées, le moindre extra peut être aventureux. On connaît la frilosité générale de l'époque, et son désir popote de « valeurs sûres ». Reste qu'il est désagréable d'avoir à accepter sans broncher une mode aussi peu exaltante. C'est le triomphe de *Clair Foyer* et de la Boutique blanche. Quelle extase !

On ne collectionne plus les lettres enflammées, on collectionne les fiches-cuisine de *Elle*. L'ascenseur pour le septième ciel est définitivement en dérangement. Et les coups de foudre ne donnent plus que des éclairs au chocolat. Quelle époque !

Hélas ! même avec toute la fougue du monde, on ne peut, seul, lever ses voiles contre l'air du temps. On aurait l'air malin, derniers Don Quichotte de la passion, à lutter contre des moulins à légumes. Alors évidemment, on ne peut, ici, que vous proposer quelques pis-aller, quelques solutions de remplacement. Puisqu'on est condamné au trois-pièces-cuisine matrimonial, au *conjungo* sur tous les modes, la seule chose qui reste, en attendant des jours meilleurs, c'est de songer à aménager son ménage.

On le sait : le quotidien tue l'amour. Les magazines

féminins regorgent de confessions déchirantes. « Il se coupe les ongles de pied dans la cuisine avec les ciseaux à persil », « Elle dort en tee-shirt Mickey ». Les billets doux qui moisissent dans les livres de recettes, les ardeurs qui s'endorment devant la télé, tout ça, c'est vieux comme l'invention des bigoudis. Contre ces horreurs domestiques, on vous suggère deux solutions :

1. Tenter la « désunion libre ». Cette belle expression vient de *Elle*, qui parle aussi d'« Anticohabitationnistes ». Il s'agit de ces 4 à 8 % de couples qui, pour vivre heureux, vivent séparés. Moi à Laval, toi au Mans. On ne se voit qu'au meilleur de sa séduction. Il paraît que le couple précurseur de la « désunion libre » est celui formé par Michèle Morgan et Gérard Oury. On ignore si Mme Morgan a déjà surpris M. Oury occupé à se couper les ongles avec les ciseaux à persil. En tout cas, pour eux, ça fait trente ans que ça dure.

2. Mais le plus simple, nous semble-t-il, pour contrer cette mode agaçante, c'est encore de la suivre à fond. Puisqu'on nous la joue sur un air de marche nuptiale, allons-y à pleins tuyaux. La totale : la bague de fiançailles, le mariage à l'église (c'est tellement *fun*), la capeline, les garçons d'honneur, la casserole attachée au cabriolet de location, la pièce montée, suivie du voyage de noces en Italie, puis du petit nid d'amour dans le xve arrondissement, puis des raviolis le lundi soir, puis des nuits en pyjama, puis de l'amour une fois par semaine, puis du bridge deux fois par mois.

A ce régime matrimonial-là, si, dans six mois, on ne se retrouve pas un goût dévastateur pour les égarements coupables, les ravages de la passion extra-conjugale, le vertige des amours illégitimes, c'est juré-craché : on retourne chez maman.

POST-SCRIPTUM : DE L'AMOUR *GAY*

Ce *post-scriptum* s'impose. Comment parler de l'amour en oubliant au passage les belles amours de nos potos roses ? D'autant que cette décennie n'a pas oublié, elle, d'imposer bien des réformes à leur art d'aimer.

On s'en souvient, la première évolution à entrer dans les mœurs fut d'ordre linguistique. Avant on disait « ceux qui en sont », ou « ces messieurs », appellation curieuse pour des gens qui, à ce qu'on en savait, passaient leur journée à jouer aux dames. Mais on n'en savait pas grand-chose, on ne parlait jamais de ces choses-là. Les années soixante-dix, pour les dénommer, se prirent « homo ». C'était un peu médical (« Je suis homophile... » « — Mon pauvre ami ! Et vous vous faites transfuser souvent ? »). Mais c'était pratique, en ces temps de combat pour la reconnaissance d'une minorité devenue active, puisque cela permettait de coiffer la majorité d'une épithète symétrique : « hétéro ».

Les années quatre-vingt, de retour des Amériques, ramenèrent *gay*. On ne savait trop d'où ça venait : était-ce parce que les homos d'outre-Atlantique en avaient assez de se faire prendre pour des drôles ? Qu'importe. Le mot était charmant, riant, pratique : un *gay* luron, le *gay* savoir, si tu es *gay* ris donc. Jadis, les questions précises étaient un calvaire : « C'est-à-dire je suis euh... célibataire. » Désormais, on pouvait oser son qualificatif jusque dans les dîners mondains : « Vous savez, je suis très *gay*. » On ne vous méprisait plus, on vous invitait en week-end (« Je l'ai tout de suite vu que ce garçon était d'un naturel jovial »).

Outre ce petit *lifting* linguistique, la décennie bouleverse du tout au tout les données du problème. Le modèle déposé jusqu'alors donnait plutôt dans le jeune Adonis blond et viscontien (« Taaaadzzio ! Taaaaadzzio ! ») ou l'esthète vieillissant en robe de chambre de soie, qui aime beaucoup l'Opéra et a lu tout Proust. Le nouveau modèle rectifié 1980 est un modèle très en vigueur : les *cuirs*. Race nouvelle surgie de la côte californienne, ceux-ci sont aux éphèbes graciles et délicats ce qu'un vestiaire du quinze de France est à une boutique Guerlain. Ils portent la moustache, des chaînes, des casquettes de Hell's Angels. Ils écoutent les tubes de leurs clones, les *Village People*. Et vont dans des boîtes de nuit aux pièces sombres, nommées *backrooms* où, contrairement à ce que peuvent croire certains esprits simples, ils ne font pas que boire du Coca-Cola avec leurs petits camarades en écoutant des disques de Barbara. Bref, et la chose, au fond, était bien naturelle pour des hommes qui aiment les hommes, ils se réapproprient la virilité.

Ce qui est amusant, c'est que pendant ce temps, la mode se mettait à flirter avec l'androgynie. Le grand tube d'Indochine s'intitulait *Troisième Sexe*. Frédéric Mitterrand envoyait des *Lettres d'amour en Somalie* sans que l'on sache si le destinataire était homme ou femme. Un des membres de Taxi Girl se faisait appeler Vivian. Prince se prenait de plus en plus pour une princesse. Gainsbourg posait en travesti sur la pochette de *Love on the Beat* et confessait des mauvais penchants d'une perversion effectivement assez rare : « D'un tableau de Francis Bacon, je suis sorti faire l'amour avec un autre homme... » Gaultier mettait des jupes aux garçons. Et même la pub tentait de tailler des croupières aux derniers préjugés : les mannequins hommes d'Éram, après avoir fait le tour des boîtes *cuir*, minaudaient en tailleur Chanel : « Est-ce une fille, est-ce un garçon, telle est la question. » Bon, on a compris. Il faudrait être folle pour se dépenser plus en explications.

Du coup, profitant de ce grand mouvement de confusion des genres, l'homosexualité tranquille continuait à progresser sur les chemins de la reconnaissance où elle s'était engagée dans les années soixante-dix. C'est là la grande découverte des *eighties* : de la vieille « perversion » on a appris peu à peu qu'il n'y a pas de quoi faire une maladie. Les « pédés », comme on les appelle de plus en plus de ce mot de moins en moins péjoratif, entrent peu à peu dans les bonnes mœurs. Badinter a supprimé du Code pénal en 1981 les dernières discriminations à leur endroit. De *l'Homme blessé* de Patrice Chéreau à *My Beautiful Laundrette* de Stephen Frears, le cinéma les fait sortir définitivement des cages aux folles où il les enfermait trop souvent. La communauté gaie, plantée sur des journaux *(Gai Pied)* ou des radios (Futur Génération), est indiscutablement intégrée au patchwork culturel français.

Au reste, à l'heure où un barbare réactionnaire qui ne voit pas plus loin que son œil de verre continue de temps à autre à éructer contre une prétendue « dégénérescence des mœurs », on peut rappeler, brièvement, tout ce que les *gays* ont apporté à cette seule décennie. On le sait, ce furent les premiers touchés par les dernières perfidies d'Éros.

Ce furent donc les premiers à entonner la nouvelle chanson de gestes de l'amour le plus courtois. Eux, ils s'emballent, massivement et sans états d'âme, pour l'indispensable latex, contrairement à bien des hétéros. Mieux, ils ont même poussé la vertu jusqu'à ouvrir les premiers clubs de masturbation, où le fruit du péché se limite à la paume. Évidemment, c'est un peu restreint, mais c'est garanti absolument Sans Risques. Il y a même, pour éviter tout dérapage fâcheux, « des inspecteurs qui surveillent ». Mais, rajoutait en 1987 un des promoteurs de ces clubs : « Dans l'ensemble, les gens se tiennent très bien. » On ne saurait mieux dire. Le seul virus que les pédés aient réellement passé à leurs contemporains, c'est celui de la coquetterie. La boucle d'oreille, portée, paraît-il par 16 % des garçons, est une vieille affaire. Les lignes de beauté masculine arrivent : enfin, on a compris qu'il peut y avoir du mâle à se faire du bien. Désormais, on peut s'oindre, se bichonner, se parfumer sans devoir se mettre des grandes claques d'*after shave* comme dans les publicités pour je ne sais quel Brut. Dernière conquête enfin. Suivant les Calvin Klein et les Nikos, ou encore les belles campagnes de Dim hommes, c'est eux qui ont rétabli en avant-première la mode du délicieux slip Kangourou, modèle confort, avec poche latérale. Et partant, mettant fin à un écrasant martyre, ils ont enfin taillé un short à l'odieux caleçon. On peut bien avouer, maintenant qu'il est définitivement *out* : il a toujours été casse-bonbons.

Pourtant, malgré tant de bons points au tableau d'honneur de la République, l'avenir des *gays* n'est pas rose. Il est même tragique. On tire la sonnette d'alarme après lecture d'un sondage tout à fait affligeant, publié en juin 1988, dans *Le Nouvel Observateur*. En novembre 1986, 4 % de sondés déclaraient « avoir eu des rapports sexuels » avec une personne de leur sexe. En 1988, ils ne sont plus que 2 %. Une baisse de 50 % en deux ans ! Encore deux ans, et la race sera éteinte si l'on n'y prend garde. Sur la tranche d'âge des vingt-quatre/trente-quatre ans, le pire est déjà arrivé ! Six sur cent avaient tenté l'expérience en 1986, ils sont *0 %*, on lit bien 0 %, en 1988 ! Et c'est un chiffre tout à fait indiscutable, puisque donné par l'IFOP. On le voit, l'heure est très grave. Partout dans le monde, on lutte pour la survie des éléphants, des communistes, des ours ou des baleines. Et là sous nos yeux, dans notre propre pays, un pan entier du patrimoine s'effondre. Et il faudrait regarder cette catastrophe écologique d'une ampleur sans précédent en se croisant les bras ? Non ! Il est plus que temps d'agir. Mais que faire ? Un grand concours sur TF 1 parrainé par *Télé 7 Jours* et Brigitte Bardot, diffusé dans les écoles et intitulé « Sauvons tous notre pédé » ? Un comité des Sages présidé par un prix Nobel et trois académiciens ? Un appel solennel du président de la République à 20 h 30 sur toutes les chaînes : « Français, j'en appelle à votre sens du devoir. La France manque dramatiquement d'homosexuels. Mais elle sait, dans un pareil moment, qu'elle peut compter sur ses fils. Je demande donc à chacun d'entre vous de se choisir, dans les jours, dans les heures qui viennent, un partenaire pour pouvoir participer activement au remembrement de la communauté *gay* » ?

La solution nous paraît plus simple : il faut décider, vigoureusement, et une fois pour toutes, de refuser de se prêter aux sondages idiots. On imagine dans quelles conditions ils sont faits : « Qui c'est qui a sonné, chéri ? » « C'est rien mon amour, c'est un monsieur de la SOFRES qui veut savoir si j'ai déjà couché avec le fils du voisin. » On voit la confiance qu'on peut accorder aux réponses. Il faut adopter désormais une attitude claire et responsable. La prochaine fois qu'un sondeur vient poser ce genre de questions stupides, il faut refuser formellement de répondre. Sauf, évidemment, si le sondeur est joli garçon. Dans ce cas-là, il ne faut pas répondre non plus. Il faut lui demander son numéro de téléphone.

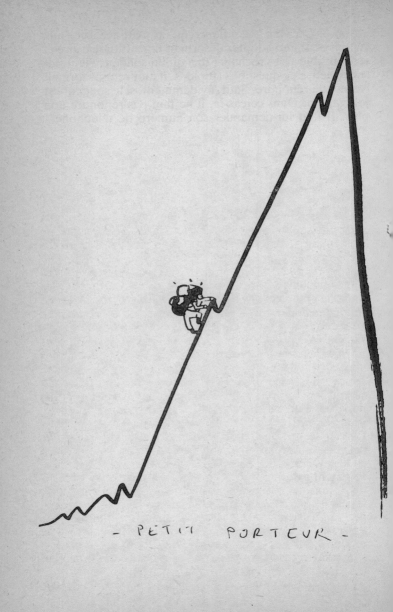

- PETIT PORTEUR -

DE L'ARGENT

LA cassure a dû se produire vers 1986-1987. Jusqu'à cette date maudite, les dîners en ville étaient encore de vrais plaisirs, bercés du ronron doucereux des sujets de conversation les mieux maîtrisés. Un peu du dernier Duras, un rien de SIDA, un soupçon de colonnes de Buren. On s'engueulait entre gens de bon goût. Au mieux, les jours de grande forme, on abordait deux ou trois sujets de fond, deux ou trois des grandes polémiques qui secouaient l'époque : « Léotard a-t-il déjà lu un livre ? », « Faut-il être slip ou caleçon ? » (avec option : « sous un jean ou sous une flanelle ? »), ou encore « Y a-t-il des mygales dans les yuccas ? ». On était heureux. Puis, peu à peu ce beau temps vint à se gâter. Ça commença discrètement. On voyait, en retirant sa canadienne, un *Financial Times* dépasser d'un ou deux impers. Des invités arrivaient en retard : « Excusez, je sors de mon club d'investissement. » Puis ils se mettaient peu à peu à faire des OPA sur les conversations : « Vous vous intéressez au second marché ? » On tentait de résister : « Oh ! moi vous savez, j'ai tellement peu de temps pour faire mes courses ! » Mais en deux mois, on dut s'avouer vaincu. Les dîners devinrent un immangeable calvaire : il y avait des matifs dans le potage, des *raiders* dans le rosbif, et des noyaux durs dans le dessert. On dut se rendre à l'évidence : pour être à la mode, il fallait mettre la main à la Bourse.

L'exercice semblait délicat. On arrivait sur ce marché

avec un capital de connaissances qui frôlait le découvert chronique. On aurait juré que la *Cote Desfossés* était l'annuaire des cantonniers. Comme bonnes actions, on ne voyait que celles qui dataient des camps scouts. On pensait que le palais Brongniart était un endroit vulgaire où des employés de banque en chemise éructaient d'incompréhensibles borborygmes ou, pire, se tenaient le crachoir autour d'un bac à sable. Les gens bien, eux, baillaient aux corbeilles. L'argent, à droite, était classé, avec les hémorroïdes et le cousin Charles (il vote communiste), parmi les sujets que l'on n'aborde qu'en consultation ou en conseil très restreint. A gauche, il avait une forte odeur de soufre. Partout, il sentait le costume trois pièces à rayures sombres, l'inspecteur des Finances chauve et bedonnant. Et voilà tout à coup que les préjugés s'effritaient. *Libé* introduisit des pages boursières. *Globe* décréta que les affaires étaient « l'aventure moderne ». Les clubs d'investissement se multipliaient. On voyait dans les CES des boursicoteurs en culottes courtes parier, pour cinquante francs par mois, sur l'évolution des cours du sucre au lieu d'échanger des Carambar. Même les magazines féminins glissaient quelques conseils financiers entre les recettes de cuisine et les fiches techniques sur le syndrome prémenstruel. Et tous les regards se tournaient vers Wall Street, sa légende dorée sur tranche, ses rebondissements en milliards de dollars, son univers impitoyable, parce que, enfin, on avait trouvé un feuilleton presque aussi épatant que celui du petit Grégory.

Il faut le reconnaître, la « grande saga de l'argent », dans sa version new-yorkaise ne manquait pas de panache. On n'est pas allé voir sur place, bien sûr. Mais tout nous fut livré à domicile et en technicolor avec Michael Douglas et Charlie Sheen dans *Wall Street*, ou Mickey Rourke et Kim Basinger dans *Neuf Semaines et demie*.

On ne connaissait que les comptables avec manches de lustrine, on se trouvait soudain devant des *golden boys* beaux comme des couvertures de *Vogue Homme* ou des *raiders* dont le nom seul était déjà tout un programme. Ils endossaient le chic bancaire avec une classe juste un peu canaille : cravate Hermès (jaune), bretelles (rouges) et chemise à rayures. Ils flambaient comme des crêpes au Grand-Marnier, roulaient en Porsche, prenaient de la coke en *stock (exchange)*, partaient en *week-end* à Porto Rico, vivaient en jet (« Je prends l'avion ce soir pour Chicago, appelez-moi tôt chez moi à New York demain matin »), habitaient des 200 m² sur Park Avenue, couvraient les emprunts risqués et recouvraient leurs *girl friends* d'une même ardeur, et surtout, ils brassaient des milliards en jouant crânement avec les lois à un âge où nous, nous avions des remords d'avoir tapé cent francs à notre mémé. Même leurs escrocs patentés avaient un charme fou : lorsque Boesky, corrompu notoire, eut une amende de cent millions de dollars, il la paya *cash*. Quand on en est à espérer l'amnistie présidentielle de 1995 pour cent cinquante francs de contraventions de stationnement, ça fait rêver.

Le seul ennui, c'est que quand le rêve américain est passé à la réalité française, les cours de ce marché de dupes ont plongé aussitôt. Du mythe, on est retombé dans le miteux. Il y a quand même quelques vérités qu'il faut avoir, aujourd'hui, le courage d'affronter. On retiendra l'exemple des « petits porteurs ».

On s'en souvient, on mit derrière ce vocable grotesque les bataillons dociles d'épargnants qui allèrent ramasser un à un les petits papiers que les grosses entreprises d'État, en se privatisant, semaient derrière elles. C'était autre chose que le Loto, ça ! A tous les coups de Bourse, on gagne. Un million et demi de personnes rêvèrent de se refléter en plaqué or dans les miroirs de Saint-Gobain. Plus de trois millions d'épargnants se voyaient grimper, en patinant sur leur action et demie, les escaliers cirés d'une prestigieuse compagnie financière, salués, comme dans le film à la télé, par un crieur à la voix de coffre-fort : « Madâââme, Môôssieur, actionnaires de Paribas... » C'était l'hystérie, on prenait des actions pour les nouveau-nés, les cousins, la grand-mère. La France républicaine était saisie par la folie des titres. Édouard Balladur, alors aux affaires, jubilait de voir autant de monde voter avec son carnet de chèques pour son *actionnariat populaire*, de voir autant de petits boulons se serrer entre ses électeurs et son économie. Et il gardait, naturellement, les vrais leviers de commande pour ses camarades des *noyaux durs*, histoire sans doute d'éviter les pépins. Quelle saga ! Quelle mythologie ! Les « petits porteurs », mais quelle horreur ! Ça sent d'ici le magot ranci, le franco-russe planqué dans des draps du trousseau. On rêvait de *golden boys*, on ressortit des lessiveuses la France des rentiers, mesquine comme un contrat d'assurance, pingre comme une baisse d'impôts, la France odieuse des pères de famille dormant en bonnet de nuit dans leurs lits en portefeuille. On s'était vu en Rockefeller. On se réveillait en Antoine Pinay. *Le Chasseur français* recouvrait le *Wall Street Journal*. Le règne du veau d'or à l'américaine s'écroulait sous l'empire du veau en jarret, sauce gribiche.

Enfin, grâce à Mercure, dieu du commerce et des voleurs, un grand krach salutaire se fit entendre dans l'édifice. On eut des espérances. Ça y est ! Le grand frisson promis arrivait ! Un *krach*, on n'avait pas entendu ce mot claquer comme une cravache depuis plus d'un demi-siècle. Et celui-là, nous disait-on, passait les promesses les plus cinglantes : le *Dow Jones* plongeait comme un ludion plombé ; la baisse de ce lundi noir était du double de celle de son grand frère, le jeudi de 1929. On entrevoyait les issues les plus exaltantes : les cartes de ce poker menteur tombant de banqueroute en faillite, de liquidation en dépôt de bilan, le café flambant dans les chaudières des TGV, le Bon Dieu engrangeant des vendanges entières de *Raisins de la colère,* les *golden boys* préparant le concours des PTT, Édouard Balladur recyclé comme gardien du Grand Louvre. Et puis... et puis... et puis ?... Rien ! Rien. Un suicide à Wall Street. Un suicide. Six fois moins, à peu près que pour la mort de Mike Brant. Un banquier, aussi, assassiné par un client ruiné. Et puis c'est tout. La pompe à phynances est repartie d'elle-même, l'air de rien. Quelques *golden boys* sont allés se refaire une dorure dans leur Kansas natal. Les autres sont *back to business, as usual.* Six mois après, oublié, terminé, le krach est croqué. Comment voulez-vous, après des coups comme celui-là, qu'on ait encore un sens des valeurs?

On pouvait peut-être espérer, ultime expédient, quelques belles escroqueries à se mettre sous la dent. Il en est une, au moins, qui force le respect. C'est celle de Jean-Marc Aletti, ancien patron d'Arbitrage SA, une société financière alors très en cours, qui s'est enfui du jour au lendemain en refaisant la charge Buisson de quatre-vingts millions de francs lourds et, plus fort encore, a réussi à subtiliser deux cent cinquante-neuf millions, sur les trois cents que lui avait confiés la COGEMA, société nationale qui plus est. Là, chapeau! On s'incline, c'est du travail d'artiste. Mais pour le reste? Trois ou quatre ripoux de sous-préfecture, une ou deux charges mouillées dans des verres d'eau de scandale. Le pire est encore le coup que nous a joué, au printemps dernier, la chambre syndicale des agents de change. De but en blanc, elle annonce qu'elle a perdu plus de cinq cents millions de francs. Enfin! se dit-on, enfin des pieds nickelés qui chaussent grand, enfin un aigrefin romantique qui a volé par passion, par dépit, par haine, par goût du risque, qui rêve de baigner sa maîtresse dans des rivières de diamants. Enfin un vrai roman, quoi! Eh bien non! On voit le président de la Chambre, sinistre comme un jour du terme, qui vient confesser la triste vérité. Il ne s'agit pas du tout d'une quelconque malhonnêteté. C'est, tout simplement, que l'oseille s'est noyée dans le potage d'une grosse bêtise... Tel quel! Ça n'est pas de leur faute. C'est le renversement du Matif qui les a tondus. Ils ne pouvaient pas savoir. Une faute? Une erreur? Une bêtise? Et tout ça à la chambre syndicale, l'institution chargée de garantir toutes les autres charges d'agents de change, chez les boursiers des boursiers, en somme. Mais c'est inouï! Est-ce que le ministre de l'Intérieur s'est déjà fait pincer en train de chouraver des plaques de chocolat dans un supermarché? Est-ce que le président de l'académie Goncourt a déjà eu moins de la moyenne en préparant les rédactions de son cadet, qui est en CM 2? Est-ce que Prost cale en faisant un créneau avec une R5 ? Non ! Non et rata-non ! Et l'on voudrait que nous, nous confiassions nos tirelires remplies à la sueur de nos fronts moites de salariés à des gens qui se font retourner de cinq cents millions en moins de temps qu'il n'en faut pour gratter un billet de Tac o tac ?

Notre décision est prise, irrévocable. La page boursière est tournée. Désormais, on retourne aux amours que jamais l'on n'aurait dû quitter : on ressort nos livrets de Caisse d'épargne. Ça au moins, c'est tranquille, sans krach, sans boum, sans trucs. On a le quatre et demi du cent qui tombe tous les ans, régulier comme un percepteur. On peut enfin s'emplir l'esprit de choses autrement nobles que ces sinistres histoires d'argent qui n'amusent plus personne. A la Caisse d'épargne, on ne doit s'occuper de rien. Du reste, ce n'est pas la peine d'essayer : entre les inventaires, les grèves, les ponts, les dimanches, les congés de la directrice, la queue au guichet trois, et Mlle Le Guilledoux qui revient dans quelques instants, c'est totalement impossible.

N'empêche. Quelques irrécupérables hésitent encore, se tâtent, regrettent déjà leurs jolis coupons : « Est-ce qu'on ne peut pas au moins se prendre une petite action Damart, ça nous tiendra chaud l'hiver ? Une toute petite à la Belle Jardinière ? Allez ? à la Belle Jardinière ; on ne peut pas se planter. » Non ! On a dit non ! Les ladres ! Ils insistent : « Un petit Codevi ? Une assurance-vie ? » Pas question ! Ça ne vous attirera que des ennuis. « Un fonds commun de placement ? Un tout petit fonds commun de placement ? on a le droit, ils en font même à la Caisse d'épargne. » Non ! Non ! mille fois non ! on ne le répétera plus : méfiez-vous. A force de voir tout le monde toucher au grisbi, il y a des jours où même les Sicav se rebiffent.

DES VACANCES

Il y a très longtemps, quelque part au loin dans les brumes des années soixante, le petit monde des vacances se divisait en deux familles bien distinctes et héréditairement ennemies : les clubistes et les routards.

Les routards, contrairement au *vulgum touristum*, ne voulaient pas noircir au soleil, ils préféraient se griser loin des miasmes de l'Occident putride. Considérant, comme tout un chacun, que le boulot n'est qu'un intervalle entre deux congés, ils passaient leurs heures de bureau à potasser *le Dogon sans peine*, en méthode Assimil, planqués sous un dossier. Les beaux jours venus, ils attaquaient d'une *tong* assurée les routes du globe, laissant derrière eux le Vieux Monde pourri, et une forte odeur de patchouli. Une fois rentrés, ils se faisaient un petit zen vite fait, près de la machine à café, à la pause de dix heures, et le midi, mélangeaient des champignons hallucinogènes aux œufs mayonnaise de la cantine. C'était planant.

De leur côté, les clubistes, comme leur nom l'indique, ne vénéraient qu'un dieu, Trigano, et ne se vouaient qu'à un culte : bron-zer. Ils pratiquaient ce sport avec application (de Piz Buin) et méthode pendant les mois d'été et avec de la carotène pendant les mois d'hiver. On les reconnaissait aisément à leurs jolies pattes d'oie taillées au burin sur le coin de l'œil. Pour le reste, les clubistes n'avaient, les doigts de pied en éventail sur un matelas gonflable, qu'un objectif : se la couler douce. Ils s'en foutaient plein la lampe (parce qu'au buffet, c'est autant qu'on veut). Ils s'adonnaient aux joies saines de la course en sac. Et draguaient juste un peu, histoire quand même de ne pas laisser leur gentil membre inactif pendant quatre semaines. Le Club, c'était la plus belle idée depuis l'invention de la paresse.

Hélas ! Mai 1968 vint jeter son pavé sur les plages, et mettre son grain de sable dans cette belle organisation binaire. Quelques intellectuels blafards se mirent à critiquer avec un rare sens de la modération « les camps de concentration de la bouffe et de la baise obligatoire ». Les années soixante-dix, dans la foulée, inventèrent un slogan déstabilisateur : « Il ne faut pas bronzer idiot. »

Soit dit par parenthèse, d'ailleurs, tous ceux qui, chaque été, essaient de se hâler en évitant : 1. les coups de soleil ; 2. les terribles œdèmes qui, en trois siestes en plein midi sous un soleil tropical un peu trop piquant, vous font ressembler au canard-bouée du petit ; 3. les marques de maillot et de lunettes le savent bien : ce sport n'est pas si crétin.

Mais le mal était fait. Désormais, pour les vacances, il ne fallait plus avoir une grande flemme, il fallait avoir un but ! Aussi le « PV » (paysage vacancier) des années quatre-vingt se trouva modifié en trois nouveaux courants.

1. Les *intello-de-mer* : Ceux-là pensaient que, puisqu'on ne pouvait plus se faire dorer la pilule, il était temps de se faire chauffer les méninges. Valeureux et téméraires, les *intello-de-mer* étaient prêts à tout : des stages d'orpaillage dans l'Ariège, du biniou à Lann-Bihoué, du cerf-volant à Biarritz pour développer leur moi profond. Ne craignant rien, ils s'avalaient cent kilomètres aller et retour Bandol/Aix-en-Provence tous les soirs à l'heure du pastis uniquement pour s'enfiler les Strauss et les Mozart au programme du festival. Ils essayèrent les plaisirs les plus fous : les croisières du *Figaro* avec Jean d'Ormesson, la lecture de la collection complète « Petite Planète », les Alpes avec les 142 livres

de l'*Histoire de Rome* de Tite-Live (dans le texte) pour retrouver l'endroit où Hannibal est passé avec ses éléphants, et huit mois de cours sur la sexualité antique pour déchiffrer les graffitis cochons de Pompéi. Ils se livraient, les jours de valise, à des arbitrages cornéliens : « Évidemment, si je prends les trois tomes de la correspondance de Baudelaire, je suis obligé d'abandonner le sèche-cheveux. »

Et le Club, pour les attirer dans ses filets, lança ses fameux « stages informatiques ». On payait cinq mille francs le billet d'avion pour aller, sous les tropiques, tapoter sur un clavier pareil à celui du bureau. Ça, c'étaient des vacances. D'autant que l'on pouvait revendre les diapos du mois d'août aux instituts de formation permanente.

2. Les *kivaloins*. Ils ont une caractéristique : ils ne supportent pas les petites latitudes. Leurs pères, déjà, avaient testé les Baléares. Leurs grands frères, les Antilles, désormais à la portée du premier club du troisième âge venu. On les vit donc partir d'abord « aux Seychelles ». Personne ne savait où c'était, mais l'espace d'un printemps, on trouva ça chic. L'année suivante, ils partirent aux Maldives. Actuellement, ils continuent leur quête infinie de quelques grèves lointaines. On les dit en Sierra Leone ou aux Célèbes, petits îlots perdus au large de l'Indonésie. N'essayez pas, surtout, de les y rattraper. Les *kivaloins*, furets des mers du Sud, n'y sont déjà plus.

3. Les *Rambeaufs*. Ce troisième groupe était plus retors. Il pimentait encore un peu son exotisme. Il lui fallait non seulement aller au bout du monde, mais encore aller au bout de lui-même. Les Rambeaufs, aventuriers de sous-préfecture, eurent un mot clef : le *trekking*. Quand n'importe quel individu normalement constitué rêve d'un hôtel luxueux avec un grand lit à cinq étoiles et une femme de chambre accorte, ils ne juraient eux que sacs de couchage, de préférence étalés entre un

nid de fourmis rouges et un parterre de plantes carnivores. Laissons la parole à leur bréviaire, le catalogue Nouvelles Frontières (édition 1988). Circuit « Découverte de l'Antarctique » : « Des vents qui peuvent atteindre 326 km/h. Il fait plus froid que sur la planète Mars... » Un peu plus loin : « Attention : ne vous attendez pas au grand confort. Vous allez vivre un véritable voyage polaire où météorologie et sécurité commandent... » On donnera la palme (et le tuba) au circuit « Nouvelle-Guinée » : « Nous sommes transplantés à l'âge de pierre, au milieu de populations vêtues seulement d'un cache-sexe et armées d'arcs, de flèches et de lances. » On remarquera finement que pour « les populations vêtues seulement d'un cache-sexe », le voyage jusqu'à la Grande-Motte eût été moins onéreux. Mais, il est vrai, les arcs et les flèches sont plus rares sur nos côtes. Et les Rambeaufs ont cette particularité : ils aiment que leurs vacances soient réussies jusqu'aux détails les plus raffinés.

Finalement, la dernière partie de la décennie mit au point un ultime concept : « le partir moderne ». Il convenait désormais de se râââser avec une distinction froide et sophistiquée. Pour trouver les destinations, on ne connaissait qu'une solution : acheter le numéro spécial que *Globe* ou *City* avaient forcément consacré à la question. Au hasard : « New York : nécessité intime, biologique. Métissage et délices de la promiscuité. » (Ah ! les MacDo graisseux du Bronx, Ah ! les ongles noirs du serveur acariâtre !) Ou, mieux encore : « Prague. Solitude. Grand Hôtel. Relire Kafka dans le texte. Extase. » C'était pas des vacances dira-t-on. Dans un sens heureusement, parce que de toute façon, il y pleut tout le temps.

Le comble du comble, enfin, apparut précisément dans un numéro spécial de *Globe* de 1987 : « In : partir trois jours dans un grand hôtel de la ville où l'on habite ordinairement. » Quel bonheur. Pour une fois, si on avait oublié le caleçon de bain du petit, on pouvait se servir de la carte orange pour aller le chercher.

La boucle était bouclée. Les années quatre-vingt enfin libres. Bonne nouvelle ! Enfin nous tous, les vouzémoi, les salariés, les cong'pay' au teint frais, nous pourrons triompher. Comme tous les ans, nous prendrons nos billets de chemin de fer à 30 % et nos filets à crevettes pour aller clapoter dans l'Atlantique, mais pour une fois, le retour de Bretagne ne sera plus un calvaire. Finie la honte devant le petit monde du bureau, et les excuses bricolées dans les bouchons du retour : « C'est idiot, on avait les billets pour Bangkok, et la mère de ma femme s'est fait opérer de la vésicule deux jours avant le départ. Alors forcément, on est allés dans la Creuse. »

Maintenant, le Limousin à vélo et les petits trips à la Normande, l'île de Ré en pull marin et la fête à la vachette à Bayonne, sont on ne peut plus *tendance*. Un seul exotisme, une seule destination : la France. Au reste, on sentait venir cet engouement hexagonal depuis quelque temps déjà.

Cela fait quatre ou cinq ans que Pauline va à la plage. Étienne Daho, entre deux « week-ends à Rome » emmène ses petites amoureuses à Saint-Lunaire. Une des grandes librairies de voyage parisiennes vient d'ouvrir une succursale dévolue tout entière au culte de notre doux pays. Et le métro, toujours en première rame de la branchitude fait sa mue. Naguère on ne voyait sur ses murs, à longueur d'indécentes publicités, que des cocotiers, du sable blanc et de l'exotisme à la noix de coco. En 1987, on vit sur ses affiches se dresser une Aude à la joie vantant les charmes cathares de ce beau département du Sud-Ouest. En 1988, il supporte une grande campagne sur la Bretagne : « J'ai choisi les bains de mer, pas les bains de foule. »

Enfin, en septembre, devant les collègues exsangues, à peine remis de leur *rafting* dans le Colorado, nous jetterons, nous, du haut d'une forme superbe et généreuse : « Moi, j'ai fait du Monopoly au Pouliguen. » Voilà qui est vraiment chic. Certes, dans ce grand bain de francité, on pourra admettre les voisins proches.

Ostende et ses gaufres *met kreeme* sous des paravents rayés sont trop *cosy* pour qu'on s'en passe. Et l'Espagne vaut quand même son pesant de *tapas*.

Mais l'on sent encore les réticences du dernier carré d'irréductibles snobs. Bien sûr, comme toujours, ils veulent coller aux tendances comme une méduse à une cuisse. Et pourtant, malgré tous leurs efforts, la location à Luc-sur-Mer, ils n'arrivent pas à s'y faire. Il faut donc leur donner, *in fine,* « la » station balnéaire où passer ses vacances. Elle s'appelle Bray Dunes. Elle est facile à trouver : c'est, en France, ce qui se fait de plus au nord, là-haut sur la carte, à deux caravanes de la frontière belge. Bien sûr, on peut louer une belle villa des Flots bleus, sur la digue. Mais les puristes préféreront le camping, pour planter les piquets sardine de leur canadienne grand-sport dans les oyats. Ah ! les couchers de soleil au loin, perdus dans les belles volutes des fumées d'Usinor-Dunkerque. Ah ! les petites Gueuse Bellevue sirotées au bar du casino, les samedis soir musette arrosés au Picon. Ah ! les siestes dans les dunes blondes, les escapades dans les blockhaus, souvenirs bétonnés d'un temps où les week-ends à Zuydcoote s'organisaient par régiments entiers. Et puis surtout, de ces latitudes modérées, l'on rentrera la joue rosie au grand vent, le hâle sûr, discret et vraiment élégant. Il n'y a que quand on revient du pays des corons que la vraie bonne mine est garantie.

BUREN (COLONNE [DETAIL]).

DE LA CULTURE

JACK LANG, SA VIE, SON ŒUVRE

La longue histoire de la culture française peut se diviser en deux périodes. La première s'étend des origines, c'est-à-dire de l'époque où des grands singes barbouillaient des graffitis dans des couloirs de métro généralement appelés « cavernes », jusqu'en avril 1981. Cette période est peu intéressante. On trouvera l'essentiel de ce qu'il faut en penser dans les ouvrages des deux humoristes célèbres nommés Lagarde et Michard.

La seconde période s'ouvre en mai 1981. A cette époque un nouveau roi nommé François Dieu prit à part un de ses plus fidèles disciples et prononça cette phrase fameuse : « Tu es Jack, et sur cette lang je bâtirai ma culture. » C'est le commencement de l'ère languienne (qui se note, en abréviation : ap. J.-L.). C'est sur celle-là que portera la leçon d'aujourd'hui.

Jack Lang devint en 1981 un ministre de la Culture d'un genre tout à fait nouveau. André Malraux qui inaugura le poste sous la cinquième République était ce qu'on a pu appeler un « ministre de la Culture, général », étant donné l'attachement affectueux et bredouillant qu'il portait au président en képi qui gouvernait alors la France. Du ministère Malraux, on retiendra des interviews à la télé incompréhensibles, un *Hommage à Jean Moulin* qu'il ne faut pas confondre avec les *Lettres de mon moulin* ; et un très grand nombre de sujets de

115

baccalauréat (« L'art est un antidestin », « Le XXIᵉ siècle sera sacré ou ne sera pas », etc., qu'en pensez-vous?). Les successeurs d'André Malraux sont connus sous le nom collectif de « ministres de la plate culture » tant furent appréciées leurs qualités de discrétion. Il est très difficile d'en citer. Les historiens sont actuellement occupés à chercher des témoins de l'époque qui réussissent à se souvenir d'un ou deux noms.

Jack Lang, dès 1981, devint le « ministre de la culture physique » tant il est vrai qu'il *personnifia* la Culture, comme on peut dire par exemple que la Vache qui Rit *personnifie* la crème de gruyère fondue. Dès la première photographie officielle du nouveau gouvernement sur le perron de l'Élysée, il imposa une originalité, un style inimitable : c'est le seul qui n'ait pas le crâne dégarni et qui soit frisé. Jack Lang était désormais un ministre d'une haute tenue. Ce pouvait être une tenue très sport, quand il portait ses célèbres vestons roses, ou une tenue sombre, quand il mit son costume Mugler à col Mao pour aller à l'Assemblée nationale, devenant, effectivement, le premier ministre de la Haute Culture.

Les femmes l'admiraient. La jeunesse l'adulait. Les hommes cherchèrent souvent à l'imiter. On dit que des personnalités aussi diverses que Laurent Fabius, Charles Pasqua ou Jean-Marie Le Pen voulurent se faire faire des indéfrisables de bouclettes brunes dans l'espoir secret d'être aussi populaires que J.-L. Laurent Fabius abandonna faute de cheveux. Jean-Marie Le Pen opta finalement pour la teinture blonde, mieux prisée de son électorat. Charles Pasqua dut renoncer : avec son accent, sa femme trouvait qu'il ressemblait trop à l'héroïne de l'opérette *Mireille*, qu'ils avaient vue dans la mise en scène de Francis Lepèze, à la prestigieuse soirée de gala des anciens de chez Paul Ricard. Pour ce qui est de l'élégance, seul Mᵍʳ Lustiger garda l'idée du costume noir à col Mao, qu'il porte depuis, en permanence.

Deux principes résument la philosophie de Jack Lang :

1. Jack Lang est un « passionné » qui ne travaille que pour l'amour de l'Art. La culture lui est, depuis toujours, chevillée au corps. Il lui consentirait n'importe quels sacrifices. Quand il était à Nancy, par exemple, il n'hésita pas à prendre du temps sur son travail pourtant pleinement épanouissant de professeur de droit à la faculté pour organiser un grand festival de théâtre, distraction, ô combien austère et solitaire.

Certains lui trouvent, parfois, un ego un peu démesuré. C'est une calomnie sans fondement : s'il arrive, en 1983, au Printemps de Bourges en Mystère 20, c'est simplement parce que c'est pratique. Il n'est jamais entouré d'une cour de journalistes, il est avec quelques amis. Si, en 1986, on voit dans toute la France son portrait géant par Kiki Picasso avec le slogan « Allons-z-idées », c'est par pure concession aux dures lois de la communication. Et s'il avait vraiment le goût du pouvoir, pourquoi se serait-il arrangé, dès la sortie de Sciences Po, pour rater l'ENA ?

2. Il a le sens de la modernité. Contrairement à ce que prétendent de fausses rumeurs, Jack Lang n'est pas le fils caché de Fritz Lang. Il suffit de le voir pour comprendre la vérité de sa naissance : Jack Lang est le fils de son temps. Il a su traquer la culture jusque dans ses branches les plus délaissées pour les faire enfin fleurir. Il le dit lui-même d'ailleurs, avec une modestie qui l'honore : « Les arts plastiques, la sculpture, la peinture, le dessin, la BD, la photo, le design, la pub n'existaient pas. Je me suis attaqué à ces zones de misère » (mars 1986). Sous ses doigts de rose point l'aurore d'un monde où tout n'est qu'harmonie. Chaque premier jour de l'été, depuis 1982, la rue découvre les bonheurs démocratiques de la Fête de la Musique. Il donne au rock, en 1984, son Zénith, une immense salle modulable, parce que, comme il le dira sobrement par la suite (1988, au *Nouvel Obs*) : « Le rock, phénomène social, tour à tour révolte et communion, structure la vie de la cité. » Il sème aux vents tristes de nos vieilles métropoles les jeunes fleurs de l'art contemporain : les fontaines de Pol Bury ou les

colonnes de Buren au Palais-Royal, les fauteuils d'Andrée Putman dans son ministère.

Avec lui, tout est art. Il affirmera fougueusement au *Jardin des Modes*, en 1987, que « la mode est un des beaux-arts ». Il déclare à *Globe* : « J'adore la pub, c'est de l'art. » Il ouvre une École nationale du cirque en 1986. Il inaugure enfin, la même année, une École nationale des arts culinaires à côté de Lyon car la gastronomie « représente un des centres de notre art ». Ce dernier propos est moins neuf. On sait bien que la cuisine, c'est toujours soit de l'art, soit du cochon.

Jack Lang fut, de 1981 à 1986, un ministre très populaire. Cela ne signifie pas qu'il avait l'habitude de jurer comme un charretier ou d'éructer bruyamment en avalant des petits fours dans les vernissages. Cela veut dire qu'il fut un ministre aimé du peuple. D'ailleurs au printemps 1986, alors que des élections législatives difficiles pour la gauche menaçaient de le renvoyer à ses cours de droit, quelques représentants du peuple réunirent leurs signatures au bas d'un texte passionné. Il fallait que « se poursuive le formidable élan culturel » donné à la France sous son impulsion et celle du président de la République. Parmi les paraphes, on vit ceux d'Élie Wiesel, prix Nobel ; Francis F. Coppola, cinéaste ; Lawrence Durrell, Graham Greene, écrivains ; Simone de Beauvoir, castor ; Arthur Miller, ancien mari de Marilyn Monroe ; Maurice Béjart, fabricant de ballets ; Catherine Deneuve, employée à la banque Suez ; Elizabeth Taylor, sidologue ; et d'autres moins connus encore. Cette pétition échoua en partie puisqu'elle ne réussit pas à empêcher la droite de chasser Jack Lang de la rue de Valois. Elle eut néanmoins un résultat très appréciable : elle réussit à faire connaître quelques autres signataires, tâcherons perdus dans leurs œuvres confidentielles. Auparavant personne ne savait précisément qui étaient Samuel Beckett ou Gabriel Garcia Marquez. Ils ont maintenant une identité connue de tous : « Samuel Beckett ? Ah oui, c'est un ami de Jack Lang. »

Jack Lang, on l'a vu, imposa au portefeuille de la Culture un style nouveau et désormais irremplaçable. Les conservateurs, de retour au pouvoir en mars 1986, le comprirent bien qui lui choisirent un successeur à sa mesure, François Léotard. De 1986 à mai 1988, en effet, la culture connut un certain nombre de bouleversements fondamentaux. On ne retiendra que les deux principaux :

a) le rapatriement à Paris d'une partie du musée des Plans reliefs (sur une idée de Philippe de Villiers). On s'en souvient, il s'agissait de petites maquettes de forteresses en papier mâché bloquées dans un grenier des Invalides où personne n'allait les voir. Jack Lang les avait fait transférer à Lille pour que personne n'aille les voir, mais loin de Paris. Après une campagne du *Figaro-Magazine* et d'autres revues d'avant-garde, François Léotard décida courageusement de ramener les maquettes à leur première invisibilité ;

b) le maintien des colonnes de Buren dans les jardins du Palais-Royal. Le dilemme était de taille : fallait-il ou non offrir de luxueux sièges rayés noir et blanc aux populations chevelues à guitare pour qu'elles viennent interpréter *Blowing in ze wind* juste sous les fenêtres du ministère ?

On dit qu'après de longues tergiversations, le jeune ministre emporta sa décision sur ce conseil judicieux de son ami Jacques Toubon : « Fais gaffe, le droit moral de l'artiste est inaliénable. »

La rencontre de M. Léotard avec la culture, quoique fructueuse, fut brève. Cette parenthèse se referma comme elle s'était ouverte. En mai 1988, le long fleuve de la culture française reprit son cours naturel. Jack le Magnifique, comme l'appellent parfois ses thuriféraires, reprit la main sur son département d'élection. Désormais ministre de la Culture, de la Communication, des Grands Travaux et du Bicentenaire, il retrouva enfin sa vraie place, ce grand bureau avec une vue sur le Palais-Royal empli de dossiers qui ont, eux, une vue sur tout ce qui pense.

LA VIE QUOTIDIENNE
À L'ÉPOQUE DE JACK LANG

On peut, pour étudier les diverses pratiques culturelles qui firent les beaux jours des années quatre-vingt, les regrouper en trois familles. Deux d'entre elles sont extrêmes et antagonistes, ne rassemblant que de très faibles minorités, mais des minorités agissantes dans les prestigieux milieux de la culture :

1. Les *esthètes à claques*.
2. Les *dingo-kitsch*.
3. Les *Vouzémoi*.

La troisième famille recoupe la majorité des Français. Nous l'étudierons ensuite.

Première famille : les *esthètes à claques*.

Les esthètes à claques se croisent dans des cercles extrêmement restreints et extrêmement concentriques autour du VIe arrondissement de Paris. On les trouve parmi les éditeurs, les critiques littéraires, les chroniqueurs de *City* ; parmi ceux qui lisent tout, jusqu'au bout et sans dictionnaire, dans le « Cahier livres du jeudi » de *Libération* ; parmi les abonnés à *FMR*, *l'Égoïste* et autres revues plus prestigieuses encore (deux exemplaires par an, mille cinq cents francs l'abonnement, photos en noir et blanc) ; parmi les invités au cocktail de vernissage de la Biennale ; parmi les amis de Philippe Sollers ; parmi ceux, plus rares, qui finissent les livres de Philippe Sollers ; et parmi les spectateurs d'*Océaniques*, sur la troisième chaîne.

Ces intello-chics sont reconnaissables à leurs habitudes tout à fait stupéfiantes. Ils aiment *vraiment* la musique contemporaine, arrivent à se mettre en joie à l'idée d'aller à un concert de l'IRCAM, et déclarent du *Saint François d'Assise* d'Olivier Messiaen, qu'ils ont vu à sa création mondiale à l'Opéra de Paris : « J'ai pris ça comme un choc. » Ils vont au festival d'Avignon chaque année mais le jugent « nettement moins bien que l'an passé ». En plus, c'est tellement pratique, « la maison du Lubéron est à deux pas ». Ils habitent Paris, naturellement, mais n'hésitent pas, parfois, à aller en banlieue. D'abord, pour humer en frissonnant l'air des grands ensembles (« C'est positivement incroyable que des gens arrivent à vivre ici »). Mais surtout pour assister aux premières du théâtre des Amandiers, à Nanterre. Il faut bien y aller puisque « tout le monde y sera ». Les esthètes à claques lisent *réellement* de la philosophie, et ont une vraie position, grave et réfléchie, sur les flirts d'Heidegger avec le parti nazi. Et ils ont un avis pertinent sur chacun des peintres contemporains exposés à la FIAC, au Grand-Palais.

Ce qui, par-dessus tout, caractérise les esthètes à claques, c'est qu'ils sont toujours, quoi qu'il arrive, « en avance d'un concept ». Un exemple : un jour de 1983, parce que vous aviez terminé le dernier Sulitzer juste avant de l'offrir à votre papa pour son anniversaire, et que vous aviez décidé de vous mettre enfin à la page, vous avez, sur les conseils du vendeur de la FNAC, acheté un roman de Mishima. Il vous avait assuré : « Les Japonais, ça marche très fort. » Le plan de lecture était même tracé pour la suite : après Mishima, ce serait Kawabata puis Kenzaburo Oé, moins connu mais garanti « incontournable ».

Encore raté ! A peine arrivé au deuxième chapitre, vous tombez par hasard sur un article du *Nouvel Observateur* absolument « définitif » : la mode est aux Viennois. La critique était formelle : il fallait « redécouvrir de toute urgence » les deux tomes des *Somnambules* d'Hermann Broch et en profiter pour re-lire Stephan Zweig et Joseph Roth (dans le texte, naturellement. Les traductions sont tellement mauvaises).

Vous pouvez sauter directement l'étape viennoise. Nos esthètes à claques sont déjà plongés dans quelque Emmanuel Bove ou Paul Gadenne, auteurs de génie injustement noyés dans l'oubli. Mieux encore, ils arpentent les rues de Lisbonne, avec les œuvres complètes, chez Christian-Bourgois éditeur, de Fernando Pessoa, l'écrivain phare du xxe siècle portugais.

Suivre les esthètes à claques, on le voit, est une interminable et épuisante course poursuite. Le plus simple est peut-être, pour se faire connaître de cette prestigieuse catégorie, d'essayer d'entrer soi-même dans le cénacle restreint des auteurs qu'ils admirent. Ça n'est pas si terrible. Il suffit de suivre point par point quelques préceptes toujours identiques :

1° être totalement inconnu. C'est une condition relativement facile à réaliser ;

2° avoir essuyé une série d'échecs, une tragique succession d'erreurs et de rebuffades. Avoir manqué un coup d'État, comme Mishima, est intéressant mais un peu excessif. Avoir trempé dans la Collaboration, comme Rebatet ou Brasillach, est extrêmement bien vu. Mais cette possibilité, de nos jours, se fait rare. Une enfance malheureuse (comme Kawabata), des déboires sentimentaux à répétition (comme Pavese), un poste minable de scénariste à Hollywood (comme John Fante) peuvent suffire. Au reste, le fin du fin, à l'heure actuelle, est de mener une existence absolument falote, transparente, petite-bourgeoise et rangée des voitures. Une vie trépidante à la Rimbaud, fiévreuse à la Chateaubriand, passionnée à la D'Annunzio fait furieusement *has been*. La carrière d'employé de bureau insipide de Fernando Pessoa est, en revanche, un modèle absolu ;

3° le suicide est très prisé (voir Mishima, Pavese, Zweig ou Kawabata). Une mort tragique appuiera discrètement mais sûrement une campagne de promotion bien menée. Il est évident qu'elle requiert, de la part de l'auteur, un sens de l'abnégation assez fort. La réussite est à ce prix ;

4° un détail enfin : l'œuvre elle-même. Le roman reste un classique indémodable. Il n'empêche que les journaux intimes ou les recueils de correspondance sont infiniment plus chics. Un vieux carnet griffonné pendant l'année de terminale (prononcer : « Une œuvre de jeunesse essentielle »), un paquet de lettres à votre mémé (« Un éclairage irremplaçable sur les parrainages intellectuels de l'artiste »), une collection de cartes postales de Palma de Majorque (« Microcosme exemplaire, circularité du temps, insularité comme Exil intérieur : l'écho déchirant d'un Destin méditerranéen ») feront l'affaire. Les thèmes développés y seront l'ennui (« Quelque chose d'un *spleen* baudelairien »), la nullité, la vacuité (« Cet auteur est résolument post-beckettien ») dans un style si possible plat et sans vocabulaire (« Quel merveilleux chantre de la médiocrité ! »). Le tout est que l'ensemble soit totalement, mais alors totalement dénué d'esprit. Les esthètes à claques détestent ça. Avoir de l'humour ? Vous voulez rire ! Ça fait boulevard.

Deuxième famille : les *dingo-kitsch*.

Ce serait peu dire que les dingo-kitsch détestent les esthètes à claques. Ils sont leur contraire absolu et revendiqué. Les esthètes à claques sont sérieux, compassés et élitistes. Eux sont sauvages, iconoclastes, rois du second degré et de la provocation, faisant *fun* de tout bois. Les dingo-kitsch ont une esthétique fondée sur un principe simple : « Le laid, c'est beau[1]. » La vie du dingo-kitsch est donc une recherche permanente pour enlaidir à la fois sa personne et son environnement.

Pour se vêtir, il hésite en général à aller aux Puces, qui sont beaucoup trop récupérées. Il leur préfère les bazars merveilleux du Tout à dix francs ou les succursales de Tati. S'il a énormément d'argent et s'il est vraiment kitsch, il peut également aller se fournir chez Jean-Paul Gaultier (période « la concierge est dans l'escalier »). Ou encore, chez Chachnil, une jeune styliste qui propose une mode très coquette et seyante, en synthétique, en nylon et en fourrure acrylique : pattes d'éph', gilets en crochet, *survêtes,* en lamé d'inspiration Piste aux étoiles.

1. Ça n'a l'air de rien mais c'est du Shakespeare : *Macbeth*, acte I, scène 1. De toute façon le dingo-kitsch n'en sait rien, il n'a jamais lu Shakespeare. La dernière fois qu'il a entendu parler de ce nase, c'était à une émission sur la Une : Patrick Sabatier avait invité Vitez, par erreur, en croyant, à cause de son nom, que c'était une vedette du flamenco.

Elle habille d'ailleurs les Rita Mitsouko et les Mikado, groupes fétiches des dingo-kitsch.

L'intérieur dingo-kitsch obéit aux mêmes règles d'élégance. Il est meublé de fauteuils-poire vert fluo, d'une commode Lévitan modèle 1972, et d'un mange-disques sur lequel on écoutera exclusivement des 45 tours-4 titres de Clo-Clo ou de Dalida. Et surtout, il est envahi de collections (au choix) de boules à neige, de chromos de Lourdes, ou de coquillages peints marqués « I love Berck-Plage ». Le rêve du dingo est que son petit trois-pièces-cuisine coquet ressemble à une loge de concierge (un must) ou, mieux encore, à une annexe du bar Le HLM, dans le Marais.

Pour ce qui est de l'Art, outre les têtes de cerf en plastique et les gondoles de Venise qui clignotent, le dingo-kitsch a été un *afficionado*, au début de la décennie, de la « figuration libre ».

Les petits monstres mal foutus et hideux des Combas, Di Rosa ou Boisrond le faisaient complètement craquer. Il les trouve moins drôles depuis que leurs toiles se vendent hors de prix, et qu'ils sont devenus des officiels du système : Combas donne dans la pub, les Di Rosa ont même fait des carrés Hermès, ce qui est un peu *trop*. De toute façon les dingo-kitsch n'ont qu'un goût lointain pour la peinture : « C'est pas mal, mais ça bouge pas assez », font-ils remarquer avec justesse. Ils s'y sont intéressés essentiellement parce que des potes peintres avaient emménagé juste au-dessus de potes musicos dans l'usine désaffectée sublime qu'ils squattent tous quai d'Ivry. Ce qu'ils préfèrent, eux, par-dessus tout, leur passe-temps unique et chéri, leur petite fenêtre sur le monde, c'est la télé.

Ils ont été les premiers, en 1987, à se ruer à La Villette pour *les Allumés de la télé*, exposition-manifeste conçue par des dingo-kitsch pour des dingo-kitsch. Tout ce qui se fait de *fun* dans le graphisme contemporain, les Placid et Muzo, les Frères Ripoulin, les Dix/10, les Choukroute et les En voiture Sigmund, collectifs de joyeux barbouilleurs, leur avait concocté de vrais bonheurs à chaque stand. Ici, on menait en interactif une enquête avec le commissaire Bourrel. Là, les héros de *Star Trek* venaient serrer une pince à Margotte et Titus, les animaux du *Manège enchanté*. Ailleurs, on pénétrait dans la « grotte de Zorro » pour découvrir ce graffiti, anonyme mais superbe : « Zorro + Bernardo = Pédé. »

A la télé, le dingo-kitsch se délecte de toutes les séries américaines des années soixante. Il se raidit le petit doigt pour ressembler aux *Envahisseurs*. Il salue ses amis d'un « bonjour chez vous ! » très clin d'œil. C'est un des leitmotive du feuilleton anglais *le Prisonnier*. Il adopte la coiffure brillantinée de Simon Templar, dit *Le Saint*. Il rêve enfin de se tailler les oreilles en pointe, à l'image du « cultissime Mister Spock ».

En fait, outre ces plaisirs sophistiqués, il passe ses jours et ses nuits à dévorer, entre deux paquets de chips ou un MacDo (froid) tous les programmes jusqu'à la mire. Il adore *la Roue de la fortune* et *Des chiffres et des lettres*, pas pour jouer (c'est épuisant) mais pour admirer Patrice Laffont ou Christian Morin (ils sont beaux, on les aime). Il ne se concentre vraiment que pour les pubs. Sa préférée est celle où Anne-Marie Carrière en déshabillé rose fluo vante les charmes de la sardine. Ce n'est pas qu'il en mange (c'est trop long à ouvrir). Mais à l'heure des câlins, ça lui permet de susurrer à sa bibiche : « Ma sardine, c'est une boîte à combines. »

Troisième famille : les *Vouzémoi*.

Le Vouzémoi enfin, tiraillé entre ces deux familles, perdu entre ces deux pôles, se fond dans l'immense foule qui avale ce que l'on appelle poétiquement, dans les ministères, « la consommation culturelle de masse ».

C'est lui que l'on retrouve, un samedi, à sept heures et demie du matin, dans les 450 mètres de queue devant Beaubourg pour la grande exposition sur Vienne, parce qu'il s'est dit : « Si on arrive tôt, on a des chances de rentrer », sans penser une seconde que 242 000 personnes s'étaient dit la même chose en même temps. Il a passé le guichet à quatorze heures trente, en nage, et pestant d'avoir complètement oublié de se prendre un sandwich. Poussé par la foule et la faim, il est ressorti à quatorze heures quarante-cinq pour se diriger vers la petite boutique de l'Expo : « Dans le fond, je verrai aussi bien dans le catalogue. » Il a reculé devant le prix : « Tant pis, dans deux mois, je l'achèterai chez un soldeur. » Il a fini l'après-midi en lisant *Libé* devant un croque-monsieur dans un bistrot des Halles. De toute façon, le bilan de l'opération a été globalement positif : le mardi suivant, à un repas chez des amis, il a pu s'extasier devant un fauteuil acheté chez Habitat : « Il a un côté sécessionniste viennois tout à fait réussi. » Le compliment a été très remarqué.

Le Vouzémoi a une éthique qui règle sa vie culturelle : « Il faut se tenir au courant. » Dès la quatrième semaine au top des meilleures ventes de *L'Express*, il a acheté *l'Amant* de Marguerite Duras. Il ne l'a pas terminé, mais il peut en dire, au creux d'une conversation : « C'est un peu lent, mais on sent qu'il y a quelque chose. » Pour le reste des nouveautés littéraires, il s'en remet uniquement à *Apostrophes*. C'est pratique, ça évite de perdre son temps à devoir lire des nouilleries, ça revient moins cher que de passer son samedi à la FNAC, et ça donne un sujet de conversation pour le lundi matin, au bureau. Grâce à Pivot, rien de ce qui est littéraire ne lui est étranger. Il aime Modiano parce qu'il trouve que ses bredouillis de timide maladif sont « attendrissants ». Il est très impressionné par Le Clézio : « Non seulement il est pas con, mais en plus il est beau comme un dieu. »

Sinon parfois, même en semaine, le Vouzémoi est de sortie. Il emmène rituellement ses parents voir le dernier spectacle de Robert Hossein, quand ils sont en week-end à Paris. Sa mère est très contente, elle a été juré dans *l'Affaire du courrier de Lyon*. Il aime également beaucoup Jérôme Savary. Après son *Cyrano*, il a essayé pendant quinze jours d'apprendre par cœur la tirade du nez. Quand il a lu dans *Télérama* que Savary allait reprendre *la Femme du boulanger*, il s'est dit qu'il ferait mieux de répéter le monologue de Pomponette. Il va de

126

temps à autre à la Comédie-Française (il dit *le Français*, parce qu'il est très chic) pour un Molière, les jours fastes, ou un Corneille, les jours de pensum. Mais il s'est bien juré en tout cas qu'il n'irait jamais voir les douze heures du *Soulier de satin* mis en scène par Vitez. Comme il a de l'esprit, le vouzémoi s'est contenté d'assassiner ce « soulier » hors pointure d'une saillie de Guitry qu'il a trouvée dans un vieux Marabout sur *les Bons Mots d'hier et d'aujourd'hui* : « Encore heureux qu'il n'y ait pas la paire. »

En musique, il faut bien l'admettre, le Vouzémoi n'y connaît pas grand-chose. Mais enthousiasmé par *la Traviata* de Zeffirelli qu'il a vu un soir, par hasard, parce qu'il avait raté la séance du dernier Spielberg, il a décidé de se mettre à l'opéra. Il s'est procuré un dictionnaire spécialisé, dans la collection « Bouquins » (c'était moins cher), et, décidé à frapper un grand coup, il s'est offert l'énorme coffret des *Introuvables* d'Élizabeth Schwarzkopf. Seulement au bout du douzième *lied* de Mahler, il a trouvé ça un peu cafard. Du coup, la semaine suivante, il a acheté *Luciano Pavarotti chante Noël*, qui avait été conseillé par Ève Ruggieri. Puis, poussé par la même, il s'est laissé tenter par les *Grands Airs de Maria Callas*. Depuis, touché par la grâce, il écoute vingt fois par soir *Casta Diva*, de *la Norma*, en répétant : « On dira ce qu'on voudra. Elle est insurpassable. »

Notre Vouzémoi a une immense qualité : il est bon public. Comme en outre, il est un languien spontané, il a adoré l'idée de Fête de la Musique. Même, la première année, il a décidé de participer. Le grand soir venu, il s'est mis à sa fenêtre et a joué trente-cinq fois de suite la transcription pour trombone de *la Marche turque* qui lui avait valu naguère une première mention au cours élémentaire de son école de musique. Une autre année, il est allé voir des copains qui participaient à un *superhappening* : le « concert des baisers ». Puis, chaque 21 juin, il a pris l'habitude d'aller faire un tour de paso doble à la République, parce qu'il y a « Aimable et son orchestre attractif ». Comme il a sa fierté, le Vouzémoi maquille ce goût un peu honteux pour la musette sous un second degré très affecté : « L'accordéon, c'est tellement classe ! » En vérité, ça le fait fondre complètement. C'est sa petite lampée de nostalgie. Sa tendresse pour le vieux Paris. C'est le souvenir ému des 78 tours de sa mémé, avec qui il écoutait des sérénades roucoulées par Tino Rossi en battant la mesure de son doigt d'enfant. Encore une petite valse triste, et il sort son mouchoir. Le Vouzémoi a un avantage immense sur tous les purs esthètes du beau monde. Il a une culture convenue et de pauvres références, mais tout au fond de lui, loin du cerveau, il a un cœur gros comme une *Encyclopédia Universalis*.

RÉVISONS NOS CLASSIQUES

Le jour nouveau des années quatre-vingt-dix se lève dans le rougeoiement d'un cataclysme proche. L'intelligence part à vau-l'eau. La culture va s'effilochant. C'est entendu. Alain Finkielkraut prédisait déjà en 1987 *la Défaite de la pensée*. Les années quatre-vingt, dans leur hystérie à vouloir mélanger tous les genres, à vouloir coudre en un immense patchwork les arts nobles et les sous-cultures, les opéras de Mozart et la bande dessinée, *Chateauvallon* et Chateaubriand, les pubs pour Gratounette et Francis Ponge, auraient fini par tisser le linceul de la Culture-avec-un-grand-C.

A droite, Louis Pauwels avait déjà commencé à enfoncer le clou avec son éditorial d'anthologie : « Ce sont les enfants du rock débile, les écoliers de la vulgarité pédagogue, les béats de Coluche et Renaud... C'est une jeunesse atteinte de SIDA mental... » Les journaux de son groupe, de temps à autre, sont ressaisis par le virus. François Nourissier-de-l'Académie-Goncourt lance ce cri poignant en juin 1988 dans *Le Figaro-Madame*, revue littéraire bien connue : « France, ta lecture fout le camp ! » Il explique : « C'est à la tête de nos chers petits que le PAF a explosé. » Obsédés par le maniement de leur télécommande « zappante », les petites mains de nos têtes blondes n'arriveraient plus à se saisir d'un livre.

Même l'ex-« avant-garde » y va de son tocsin. Dans *Éloge des intellectuels*, un ouvrage de référence paru en fascicules dans le magazine *Globe* (mais hélas sans poster géant dédicacé), Bernard-Henry Lévy, maître à penser des classes de terminale A, stigmatise les outrances du temps : « Le pubard, le clipman, le styliste de prêt-à-porter et l'héritier de Joyce et Flaubert sont tous embarqués dans la même galère. » On ne sait si dans sa modestie le fringant B.-H. L. rame plutôt sur le banc d'*Ulysse* ou sur celui de *Madame Bovary*, mais la galère est au bord du naufrage. Dix ans de confusion des valeurs, dix ans de ploufs du PAF, dix ans de « moins-disant culturel », dix ans de Top cinquante et de « culture clip » l'ont poussée à l'abîme. Si on a le cul par terre, c'est la faute à J.R., si on est dans le caniveau, c'est la faute à Mondino.

Ingrats qu'ils sont ! C'est oublier que si les années quatre-vingt ont été si futiles, c'était d'abord en réaction salutaire à la pesanteur bien-pensante de leurs aînées. L'« empire de l'éphémère » renversait la « dictature de l'idéologie ». Les *eighties* ont réintégré au domaine culturel l'once de légèreté, le souffle d'« air du temps » qui lui faisaient cruellement défaut. On peut certes leur reprocher d'en avoir fait trop, mais pas de l'avoir fait.

Au reste, il n'y a que les authentiques réacs ou les natures impressionnables pour crier à l'assassinat devant quelques petites coupures faites au poignet de la Grande Culture. Certains accusés, aujourd'hui, font amende honorable. C'est Mondino lui-même, brillantissime roi du clip, qui parle (en 1987, au *Nouvel Obs*) : « A force de faire des clips, je me sentais un estropié, un mec qui fait "uhm uhm", qui marmonne. » Dont acte. Et il ajoute : « Le mot s'est tu. Il va revenir d'autant plus fort. » Voilà enfin une voie de raison, voilà enfin une porte qui n'ouvre pas sur l'enfer. Et si on se penche au chevet de la culture moribonde, on lui trouve plutôt bonne mine.

Prenons l'exemple de la lecture, prétendue victime

des années quatre-vingt. Aux jours les plus sombres de l'« éclatement du PAF », des rumeurs alarmistes couraient sur l'avenir d'*Apostrophes* et de son créateur. Est-ce qu'il va rester sur la Deux ? Comment pourra-t-il résister à la concurrence saignante que les autres vont lui envoyer dans l'Audimat ?... Le plus efficace soutien cathodique de la littérature paraissait menacé. Le célèbre fauteuil à Pivot du vendredi soir était devenu un fauteuil à bascule. Et brusquement, le facétieux annonce, non seulement qu'il reste fidèle au poste, mais qu'il ajoute deux succursales, *Apos* et *Strophes* à la maison mère du vendredi soir.

La république des Lettres est florissante. On se bouscule au Salon du Livre qui a dû, en 1988, quitter un Grand-Palais devenu trop exigu. De jeunes maisons d'édition, très chics, comme Quai Voltaire ou Le Promeneur redonnent le goût des « beaux récits » et des « beaux livres ». Le cinéma, vieil ennemi de l'écrit, n'a de cesse de lui rendre hommage. Michel Deville tourne *la Lectrice*. James Ivory adapte, à « la lettre », tout Forster. Milos Forman, et Stephen Frears s'attaquent, chacun de leur côté, aux *Liaisons dangereuses*, qui sont, de surcroît, un roman « par lettres ».

La situation du théâtre non plus n'est pas dramatique. On jure depuis des lustres que cet art fragile agonise : la télé, les clips, le cinéma, l'acculturation de la pauvre jeunesse, et les outrances de l'avant-garde scient les planches, c'est bien connu.

Malade le théâtre ? C'est un malade imaginaire, alors. Les années quatre-vingt-dix s'ouvrent au contraire sur un mélange des genres revigorant. Jacqueline Maillan, inoubliable *Folle Amanda*, déserte le Boulevard pour suivre Patrice Chéreau aux Amandiers. Antoine Vitez, ex-agitateur patenté, va secouer de son génie inventif les velours poussiéreux de la vieille maison de Molière. Jérôme Savary, qui fut saltimbanque au Grand Magic Circus, élit domicile fixe à Chaillot, second pilier de prestige du théâtre national. Et chacun y va de son

Misanthrope, de son *Don Juan*, de son *Cid* ou de son *Dandin*, rassemblant sur les mêmes balcons les cousins les plus éloignés, les avant-gardistes, les abonnés des « premières » très classes et les nostalgiques des matinées scolaires. On veut bien admettre que la Culture soit morte. Qui s'en plaindrait puisque tous ses enfants sont déjà au Paradis ?

PUB

ACHETEZ NOTRE LIVRE,
(s'il vous plaît).

DE QUELQUES GENRES MINEURS : LA BANDE DESSINÉE ET LA PUBLICITÉ

On l'a vu dans la leçon précédente, le languisme peut se résumer essentiellement à cet adage : « Il n'est jamais trop d'art pour bien faire. » La France auparavant connaissait deux sortes d'art : les « arts nobles », littérature, peinture, sculpture, danse, cinéma, et les « arts et métiers », qui n'ont aucun rapport. Les années quatre-vingt révolutionnent ces catégories en donnant enfin leurs lettres de noblesse à une pléiade de disciplines jusqu'alors considérées comme des « genres mineurs ». Désormais la cuisine, la mode, la BD, le rock, la télé, la chanson, la décoration, la pub, les clips, les graffitis, on en oublie, se voient tous accoler la prestigieuse épithète de l'art. On voudrait, pour résumer le phénomène, se pencher sur deux exemples : la *bédé* et la *pub*.

LA BÉDÉ

Jadis les magazines de bandes dessinées, plus connus alors sous le nom de « petits miqués », étaient avant tout un plaisir de l'enfance. Les adultes méprisaient cette sous-littérature, lui préférant la lecture d'œuvres plus conséquentes, comme *San Antonio*, *SAS* ou encore, parmi les périodiques, *Play Boy*. L'hebdomadaire *Tintin* libellait ainsi sa publicité : « Le journal qui se lit de sept à soixante-dix-sept ans. » C'était un slogan scandaleusement mensonger : *Tintin* se lisait essentiellement *avant* sept ans, pour les images, et *après* soixante-dix-sept ans, parce qu'à cet âge-là, *SAS* est extrêmement mauvais pour le cœur.

Dans les années soixante-dix, les illustrés cessèrent d'être sages comme des images. Ils entrèrent enfin dans la cour des grands. Claire Brétecher et ses *Frustrés*, firent un tabac au *Nouvel Observateur*. Sous le crayon audacieux de Pichard ou Crépax, qui adapta le marquis de Sade et Pauline Réage, ou de Wolinski ou de Reiser, la bande dessinée montra qu'elle pouvait passer directement du stade des « petits miquós » à celui des « gros dégueulasses ». Nous rappelons que ces auteurs ne sont pas au programme de notre manuel.

Dans les années quatre-vingt, enfin, la bédé devint le « neuvième art », appellation officielle contrôlée par le dictionnaire *Le Petit Robert*. Quand on sait que le « septième » est le cinéma, et le « huitième » la télévision, on voit à quel état de déglingage progressif en est arrivé le Parnasse. Enfin ! Fermons cette parenthèse, c'est ainsi.

Les « bédophiles », qui ne sont pas, contrairement à ce que peuvent penser les malentendants et les Alsaciens, une population habituée des longs imperméables et des sorties d'école, mais, au contraire, les « amateurs de bédé », purent enfin s'adonner à leurs pratiques en toute impunité. Ils descendaient chaque année en pèlerinage à Angoulême, ancienne capitale mondiale du chausson, devenu La Mecque de la Bulle — ce qui représente quand même un progrès culturel considérable — grâce au grand « festival » qu'elle tient dans ses vieilles murailles. Ils allaient également à la Convention annuelle de la bande dessinée traquer quelque planche originale de *Jo et Zette* à des prix que d'autres n'auraient pas mis pour un Matisse.

Abonnés à *Pilote, Fluide Glacial, Métal hurlant, L'Écho des savanes, A suivre*, ils songeaient à déménager dans du plus spacieux pour pouvoir étaler sur le même rayonnage leur collection complète de *Gil Jour-*

dan, *Lucky Luke*, *Buck Danny* et *Blueberry*, et poussaient des cris d'orfraie quand leur petit neveu (8 ans) posait le doigt sur un *Tintin*. Un enfant lisant des bédés!!! On aura tout vu.

Pour ce qui est des auteurs eux-mêmes, il est particulièrement difficile de se retrouver parmi les 4 392 qui connurent la célébrité dans les années quatre-vingt. On peut, toutefois, les regrouper sommairement en trois courants.

1. Les rigolos. Ceux-là ont gardé le sain principe des « petits miqués », de jadis qui veut que les *comics*, comme disent les Américains, soient faits pour se marrer. On mettra dans ce même sac à malices le tordant Franck Margerin, et son *Ricky Banlieue*, le gondolant Martin Veyron et son *Bernard Lermite*, le pliant Régis Franc et son *Tonton Marcel* et l'exhilarant Binet et ses *Bidochon*. On n'en dira jamais assez de bien.

2. Les graphistes: fils des maîtres belges, ne jurant que par le grand Hergé et l'inégalable Edgar P. Jacobs, ils ont retrouvé ce que les techniciens appellent « la ligne claire », c'est-à-dire la pureté du trait, la sobriété du dessin. Ils s'appellent Yves Chaland, Floch, Ted Benoit ou Serge Clerc, véritable gloire nationale, enfant chéri du *rock'n roll*, qui eut l'heur de dessiner dans le fameux, et anglais, *New Musical Express*, de faire la pochette d'un disque de Joe Jackson, et la pub pour la carte jeune de la SNCF.

3. Les littérateurs. On les distingue au fait qu'ils sont même appréciés des professeurs de français, et qu'on devrait bientôt les retrouver à l'Académie, qui n'est plus à ça près depuis qu'elle accepte même des femmes. Les deux représentants les plus éminents des « littérateurs » sont Bilal et Hugo Pratt, célèbre pour son héros Corto Maltese, à ne pas confondre avec *Corte Inglès*, qui est une chaîne de grands magasins espagnols. Certains n'hésitent pas à en faire de véritables Balzac de leur discipline. La comparaison est largement disproportionnée. Balzac est beaucoup plus facile à lire.

On sait que les années quatre-vingt ne firent rien sans excès. La sympathique « bédéphilie » se mua rapidement en véritable « bédémanie », grave psychose obsessionnelle qui consiste à passer sa vie à faire la chasse aux bédés. La France et aussi la Belgique, mère patrie de cet art, furent saisies pendant quelques années de cette étrange folie. Le décès d'Hergé tomba comme une catastrophe mondiale. La belle Une de *Libération* (« Waouuh! Tintin est mort! » hurlait Milou) tira des larmes à la France entière.

Les thèses, les ouvrages, les gloses, les exégèses sur le moindre scribouillage à phylactère pleuvaient comme des cadavres dans une tragédie de Shakespeare. L'Université elle-même était saisie par le mal (*les Relations internationales dans l'œuvre d'Hergé* fut le sujet d'un mémoire soutenu à la vénérable École des sciences politiques). On ne comptait plus les professeurs émérites tentant des « psychanalyses » de nos petits héros, comme s'il fallait trois mille pages et dix ans d'études supérieures pour se rendre compte que le capitaine Haddock est un pervers polymorphe, les Dupont un bel exemple d'amour gémellaire (nous dirions même plus d'amour gémellaire), Tintin un onaniste à tendances zoophiles ; ou que le succès époustouflant d'*Alix, le jeune Romain*, doit plus aux charmes troubles de sa mini-toge qu'à un goût (vraiment pervers, celui-là) pour les études latines.

L'édition, voulant tirer le plus grand profit d'un marché aussi porteur, se perdit dans des sérigraphies luxueuses, des éditions posthumes d'ouvrages inachevés (*Tintin et l'Alph'art*), des œuvres de jeunesse peu recommandables (*Tintin chez les Soviets*), des mini-formats, des maxi-formats, des tirages limités et des portfolios. Et les appartements sombraient sous le flot incessant des produits dérivés, arrivés inévitablement par vagues de cadeaux d'anniversaire successifs : le tee-shirt « Kador le chien qui lit Kant dans le texte » ou le sweat molletonné avec Gaston Lagaffe soupirant son célèbre « M'enfin! », passe encore. Il suffit de les glisser subrepticement dans le programme « grand teint » de la lessive hebdomadaire pour en faire d'excellents chiffons à chaussures. La pendulette *Ricky Banlieue* est très laide mais peut aisément se camoufler derrière un garde-manger ou un réfrigérateur. Mais que faire de la fusée d'*Objectif Lune* ? Ou pire encore, de l'odieux Marsupilami en latex géant avec une queue en fourrure de 12,5 mètres ?

Après s'être autant emballée, il fallait bien que la machine bédémaniaque se grippât. Divers signes indiquent actuellement que la bande dessinée est en passe d'être totalement démodée.

1. Personnellement, nous n'en lisons plus. Ce qui est un signe indiscutable.

2. L'abondance de biens nuit. Face aux 75 212 nouveaux meilleurs albums qui viennent de sortir, le plus simple est encore de se rabattre sur son *Stendhal* en Pléiade, qui est moins bien illustré, mais qui, en rapport temps/lecture, revient à peu près quatre cents fois moins cher que le moindre broché, même en solde.

3. Certains hommes politiques n'hésitent plus à attaquer de front la bande dessinée. Laurent Fabius reprochait, à l'été 1988, à Michel Rocard de « manquer d'un grand dessein ». Si le vrai problème est aux grands desseins, cela prouve bien que les petites vignettes n'intéressent plus personne.

Il est exact que les indicateurs démontrant sans appel la fin d'une mode ne sont pas encore apparus. C'est vrai, François Léotard n'a pas encore déclaré publiquement qu'il adorait la bande dessinée. C'est vrai, le journal *Le Monde* ne lui a pas encore ouvert un supplément hebdomadaire. Il n'empêche que ni la « bédémania » ni la « bédéphilie » ne devraient être des passe-temps des années quatre-vingt-dix. Il ne s'agit pas, naturellement, d'interdire toute lecture d'illustré mais simplement de remettre les « petits miqués » à leur juste place. Rien d'autre : inutile de jeter les bédés avec l'eau du bain.

LA PUBLICITÉ

Nous venons de décrire les ravages causés par la terrible bédémania. Ce délire, pourtant, n'est qu'une petite fièvre bénigne si on le compare à l'accès de délirium qui saisit la France au début des années quatre-vingt : la « publifolie ». Jusqu'alors objet de mépris (« C'est rien, c'est de la réclame ») ou au mieux, d'indifférence (« Bon, ben, c'est les pubs, j'ai le temps d'aller me chercher une canette »), la publicité devint tout à coup un objet de culte. La simple vue d'une pomme accompagnée d'un petit zigouillis mélodique *(« Ah! doum doum doum doum doum »)* suscitait, dans les familles, des réactions passionnées : « On se tait, c'est les pubs. » Les publicitaires pondaient des best-sellers. Dans les journaux, et bien au-delà des *Stratégies, Médias*, et autres nouveaux magazines spécialisés, les vieux scoops adoptaient un nouveau ton : « Exclusif! la vérité sur le tournage de Jex Four. » Les élites étaient touchées : « J'ai fait l'ENA, Normale Sup, et un doctorat d'économie. Je me demande si ce sera assez pour devenir assistant-chef de pub chez Séguéla. » Et surtout les publiphiles, à coups de festivals, d'articles de journaux, d'émissions de télé, de jeux de société (le Publicitor, le Trivial Pursuit édition « Communication ») imposaient au pauvre monde la dictature de leur monomanie. Il fallait, sous peine de se retrouver dans l'infamante catégorie de ceux qui sont *out*, s'astreindre à un régime épuisant : siffloter dès la douche du matin l'air en entier de « Heureusement il y a Findus, Fiiiiin-duus », s'entraîner à glisser sur sa table de cuisine pour faire comme dans le film Pliz, aller manger un hamburger Freetime sans se renverser du ketchup sur les pompes, faire la tournée des chenils pour dénicher le sosie de Boris, boulettologue chez Fido, mordre dans un vieux sandwich SNCF en jurant : « Mes gencives, c'est du béton », réussir à faire dire « non » à un employé du Crédit Lyonnais, acheter son papier hygiénique en chantant du

Michel Legrand, recevoir ses amis collé au plafond après un essai probant de la Super Glu, et le soir, sur son « Mééérinos Mééérinos », parvenir à assurer dans les bras d'une pub pour Dim-hommes en susurrant : « Tu me fais mâle, très Mâle, c'est bien. »

Heureuse époque. Aujourd'hui, hélas ! tout indique que la publifolie vit ses derniers beaux jours. Elle meurt de ses excès, *Globe* l'annonçait déjà il y a quelques années : « La pub, ça va. Trop de pub, bonjour les dégâts. » *Libération* a abandonné depuis longtemps sa petite rubrique « Avez-vous vu » qui analysait jour après jour les campagnes. Étienne Chatilliez, créateur des folies d'Éram, tente brillamment une nouvelle carrière dans le long métrage. Les jeunes gens chics ne regardent plus les spots télé. D'ailleurs ils détestent la télé.

On peut d'ores et déjà jurer que les années quatre-vingt-dix seront d'une publiphobie tout aussi exacerbée que le fut la publifolie des années quatre-vingt. Déjà on entend, ici et là, bon nombre d'arguments qui viennent attaquer perfidement la réclame, qui tentent de la remettre à sa place de sous-culture de masse, mercantile et bêtifiante. Nous voudrions nous élever avec véhémence contre ce récent travers et réfuter les affirmations infondées des nouveaux publiphobes.

Première proposition : « *Les publicitaires sont prétentieux, mégalomanes, péremptoires. On les voit partout. Dès qu'ils ont fait un film qui marche, ils se prennent pour Mozart.* »

Réponse : C'est faux !

a) Depuis 1981, on a vu Jacques Séguéla à la télé environ 43 222 fois, c'est-à-dire à peu près douze fois moins que le professeur Schwarzenberg, six fois moins que Yannick Noah et trois fois moins que François Mitterrand. Autant dire qu'on l'a vu très peu, par rapport à son intelligence, à sa pertinence, à son talent.

b) Jean Feldman, patron de FCA, déclare un beau jour à *Elle* : « Quand Dieu regarde la Terre dans son télescope, il doit voir une agence. » On peut penser que c'est de la mégalomanie. Pas du tout. C'est juste de la lucidité... Jean Feldman sait bien que Dieu n'aura jamais un assez gros budget pour se payer les conseils de l'agence FCA.

c) La comparaison avec Mozart est plus discutable. Bien des clips de Mondino sont quand même beaucoup mieux finis que certaines œuvres de Mozart.

Deuxième proposition : « *Certains films coûtent des fortunes inutilement.* »

Réponse : C'est encore faux. Exemple : la campagne « Les chevrons sauvages » a nécessité cent chevaux dressés pour dessiner le logo de la marque, a été tournée en Australie, à Houston, et en France et a coûté cinq millions de francs à Citroën. Certains esprits petits trouvent ça un peu excessif pour une voiture. Mais imaginent-ils l'impact désastreux qu'aurait eu le même film, si pour des raisons d'économie mesquines, on avait fait dessiner les chevrons par une quinzaine de bœufs dans le Charolais ?

Troisième proposition : « *Thierry Ardisson est énervant.* »

Réponse : Il est très difficile de trouver un contre-argument à cette proposition.

Quatrième proposition : « *Il faut arrêter, à la télé, le scandale du saucissonnage des programmes.* »

Cette proposition est absolument exacte. On ne comprend pas pourquoi la Cinq, par exemple, s'obstine à glisser des morceaux de séries américaines niaiseuses au milieu d'écrans publicitaires bien français et tout à fait drôles.

Cinquième et dernière proposition : « *La publicité est abêtissante. Elle participe à l'acculturation progressive de nos sociétés.* »

Il est honteux de tenir des raisonnements semblables. La publicité est au contraire un immense instrument de culture.

a) Certains prétendent qu'à cause de la pub, les gens ne savent plus que *Cinna* est une tragédie de Corneille, mais jureraient spontanément que c'est un canapé. On leur répondra, à ces malins : quand ils rentrent le soir chez eux, ils préfèrent s'allonger sur un canapé ou sur une tragédie de Corneille ?

b) Avant, pendant *la Traviata*, on s'ennuyait à mourir. Maintenant, dès qu'on entend le « chœur des jeunes filles », on pense immédiatement à la bande de fraîches adolescentes qui marchent sur une route en s'échangeant dans le dos la protection périodique Vania. Cela donne, enfin, un regard nouveau sur cette vieille kitscherie dormitive.

c) La publicité permet de retrouver des auteurs que tout le monde avait oubliés depuis des lustres. On a vu récemment dans les journaux féminins une magnifique campagne ayant comme slogan : « Mon plaisir, c'est Baudelaire — Mon jambon, c'est Le Baron. » Parlons franc : qui, sans le jambon Le Baron, se serait souvenu de ce Baudelaire ? Il faut, au nom de la culture française tout entière, remercier l'agence qui a eu cette bonne, cette formidable idée de campagne. Mieux, il faut espérer désormais qu'elle lui donnera son prolongement naturel en poussant jusqu'au bout cette merveilleuse générosité pour la littérature : elle devrait faire imprimer *les Fleurs du mal* sur les tranches du jambon Le Baron. « Vous prendrez un Albatros beurre ou un Spleen et Idéal cornichons ? » Qui osera nier, après ça, que la publicité mette un peu de poésie dans le quotidien ?

salle obscure.

DU CINÉMA

MON frère, c'est une vedette. Sous les cheveux, lui, il n'a pas un cerveau, il a des pellicules. Ses yeux, ce sont des caméras. Son subconscient, c'est un panoramique. Même Claude-Jean-Philippe, à côté, ferait demi-genre. Mon frère, c'est un *cinéphile*. Quand on était petits, déjà, à l'âge où j'envoyais des cartes postales à la *Séquence du Jeune Téléspectateur* pour revoir des extraits d'*Astérix et Cléopâtre*, lui, il apprenait par cœur les dialogues de *Pierrot le Fou* dans *L'Avant-scène*. Évidemment, quand nous, on allait sucer des Miko avec les filles de la classe à la matinée du mercredi, au Chantecler, mon frère, il restait dans sa chambre pour lire *Les Cahiers du cinéma*. Lui, il ne sortait que le vendredi soir, seul, religieusement : c'était soir de ciné-club à la MJC. Je me souviens avoir posé une seule fois mon ignorance crasse sur ses chaises en plastique pour essayer de m'initier enfin à l'Art, le vrai, le septième. C'était pour un chef-d'œuvre très attendu de tous les connaisseurs locaux, c'est-à-dire essentiellement mon frangin, le prof de philo du lycée, et le projectionniste de la MJC. Le programme annonçait « Un sommet de l'*underground* ». Je me souviens seulement des cinq premières minutes : pour les images, on voyait une fille floue, mais nue, courir dans une rue de New York et pour les paroles, on entendait « scrouik scrouik scrouik ». Mon frère, dans un souffle ébahi, avait murmuré : « Quel génie ! Il a pensé à monter la bande-son à l'envers. » Mais il paraît qu'après, les « scrouik scrouik » étaient inaudibles. Dans la salle de la MJC, on n'entendait plus que mes ronflements. C'est mon frère qui me l'a dit.

Bref, ma conversion avait raté. Le malheureux était effondré. Muets, on est rentrés à la maison. Il m'a juste achevé : « T'es vraiment bon que pour le grand spectacle. » Et il est monté se coucher, tellement consterné qu'il en a oublié le cycle Bresson sur la deuxième chaîne. Moi j'ai continué à cultiver mes mauvais penchants. Je suis retourné voir *la Tour infernale* au Régent, parce qu'en plus, Babette Pieters, la jeune pin-up acnéique qui faisait fondre toute la seconde AB, m'avait promis qu'elle se mettrait à côté de moi. J'espérais beaucoup des mouvements de panique pendant les effets spéciaux.

Bien des années plus tard, j'étais devenu, pour ce qui est des salles obscures, un amateur éclairé. J'allais voir des films italiens. Je trouvais Kubrick « fabuleux », Lelouch « un peu limite », Chabrol « bien observé », et Carné-Prévert « insurpassables ». Un jour, décidé à un coup de théâtre pour me débarrasser de mes oripeaux d'ex-cancre, j'annonçai fièrement à mon cinéphilique aîné : « Allez, enfile tes Clark's, je t'emmène voir la rétrospective Bergman au ciné-club du lycée. » Et l'autre, me stupéfiant : « Bergman ? Pauvre ringard. Moi, je vais voir *la Guerre des étoiles* au Rex. *Le Nouvel Obs* dit que c'est génial. » Mes valeurs s'effondraient. Cinq ans de classement des fiches-techniques de *Monsieur Cinéma* réduits à zéro. Mon film intérieur tressautait nerveusement. *Le Nouvel Observateur* soutenant *la Guerre des étoiles* ? C'est moi qui tombais des nues. Et pourquoi pas Spielberg, le grand crétin qui avait fait *les Dents de la mer*, encensé par *Libé*, tant qu'on y était ? Des abysses s'ouvraient sous mes pas. J'essayais de m'accrocher à quelque hypothèse de raison : le critique avait peut-être envie de marcher avec Babette Pieters ? Je dus rapidement me rendre à l'évidence. Une fois de plus, j'avais raté la dernière séance. Les temps avaient changé. Les années quatre-vingt avaient commencé leur cinéma.

Dieu sait qu'elles n'étaient pas, dans cette veine, au bout de la bobine. La critique, après s'être caressé les méninges pendant des années avec le « cinéma d'auteur », se découvrait tout à coup un besoin de se défouler les tripes sur le « retour du cinéma d'aventure ». Après n'avoir juré que par les fleurets mouchetés de l'ex-« avant-garde », elle rendait les armes devant le moindre boulet lourdaud balancé par la grosse artillerie américaine. L'opération de récupération du grand spectacle commença donc avec *la Guerre des étoiles*, en 1977. Le *vulgum pecus*, dans cette nouillerie intersidérale, ne vit que l'histoire d'un gentil, de deux robots rigolos — un grand coincé et un petit gros — avec beaucoup de méchants, et des effets vachement intergalactiques. Eh bien, pas du tout : « C'est un récit qui a la simplicité, le rythme, le tranchant et l'éthique d'une chanson de geste » (*Le Nouvel Observateur*, 17-10-77). Et Alain Pacadis, toujours lui, trouve « beaucoup d'analogies entre *Star-wars* et l'*Anneau des Nibelungen* ». Pas moins. On ignore si Furtwängler aurait accepté de diriger la bande-son du *Retour du Jedi*, mais en tout cas, les *Walkyries* de l'hyperbole ne devaient pas s'arrêter en si bonne chevauchée.

Le *Nouvel Obs* relança l'offensive en 1981 : « Joie. Délices. Régal. Volupté. Bonheur sans nom. Alléluia. Voici la meilleure nouvelle de l'année. Le cinéma n'est pas mort. » Mais quelle est donc cette « meilleure nouvelle de l'année », capable de sauver le septième art agonisant ? François Truffaut a échappé à un attentat ourdi par Claude Autant-Lara ? Lelouch a enfin décidé qu'il ne tournerait plus ? Godard a miraculeusement refusé la présidence du Centre national du cinéma ? Pas du tout : on a annoncé la sortie en France des *Aventuriers de l'arche perdue*.

Bref, ce fut le délire. Spielberg, Coppola, Lucas étaient devenus les maîtres de l'univers des images, *ET* fit les « unes ». *A la poursuite du diamant vert* devint un chef-d'œuvre. Comme au bon temps des Tarzan (*le Retour de Tarzan, la Belle-fille de Tarzan, le Fils caché de Tarzan, le Retour de la concierge de Tarzan*), les *Aventuriers* creusaient le filon avec des petits frères. On n'en finit plus d'aller d'aventure en aventure. Et les snobs, du coup, parce qu'il fallait bien qu'ils trouvassent une surenchère à leur prétentieuse démesure, décidèrent d'aller plus loin encore. Du coup, ils ne juraient plus que par *Mad Max*, *Rambo* ou *Terminator*. C'est vrai, on pouvait à la limite créditer Spielberg ou Lucas d'une volonté de « clin d'œil au spectateur » avec leurs jungles en serre et leurs scenarii à rebondissements de puces hystériques. Ici, au moins, c'est « exquisément » primitif, c'est bétonné comme les fesses de Stallone, c'est fougueux comme un rut de *Conan le Barbare*. Évidemment c'est fascisant, buté, raciste, bêlant d'impérialisme américain, téléguidé comme un Pershing et ennuyeux comme un Duras, mais enfin, au nom de l'Aâârt, on ne va quand même pas s'arrêter à quelques détails.

L'ultime avatar de cette fâcheuse tendance à la récupération du « populaire », de cette hystérie du second degré, de cette escalade de l'ironie dont nous gratifia la décennie s'avança dans une direction totalement différente, mais non moins excessive : le *film-culte*. Le principe en est enfantin : il suffit de ressortir de la naphtaline n'importe quelle kitscherie bâclée trente ans plus tôt par un stagiaire dans une *ciné citta* de banlieue, et de décréter qu'il est temps de « réhabiliter ce chef-d'œuvre méconnu ». Voilà.

Eddy Mitchell et sa *Dernière Séance* s'essayèrent à cet art en se spécialisant dans le navet en technicolor, tantôt western, tantôt film d'horreur, et toujours déterré de l'époque mythique où Hollywood n'était pas un chewing-gum.

Mais la notion fut surtout popularisée par Mitterrand-neveu, célèbre animateur de télévision. Après avoir été, par son présidentiel tonton, l'homme d'un bon sang, celui-ci devint l'homme d'un « Bonsouâar » qui devait révolutionner la cinéphilie cathodique. Derrière ces deux syllabes gravées à jamais au fond de nos oreilles d'âne de téléspectateurs, s'ouvrait la galaxie scintillante d'*Étoiles et Toiles*, émission phare qui devait ravaler le grand Tchernia lui-même au rang de patron de vidéo-club de chef-lieu de canton. Dans ce monde fabuleux, peuplé de godiches bredouillantes (prononcer « un jeune espoir ») et de *sex-symbols* qui auraient pu inviter les frères Lumière à leur pot de retraite (prononcer « vous mêêrveillêêêuuse, vous dîvîîne, merci de tout côôôeur d'être avec nous ce sôôir »), le pétulant Frédéric M., de sa voix nasillante et heurtée de réclame pour Bébé Cadum des Actualités Gaumont, nous emmenait, à coups d'extraits, adorer des cultes nouveaux dans des lieux de pèlerinage inconnus. Un jour, nous prenions la route du Caire, pour retrouver, entre des acteurs en chéchia et des divas en choucroute, un de ces « merveilleux draââmes de l'amôôôur », comme seuls les Égyptiens savaient en faire du temps du roi Farouk ou du raïs, à l'intrigue poignante, aux dialogues purs et déchirants, le tout en arabe, et sans sous-titres. Un autre, nous palpitions sur le sein opulent d'une Carmen Miranda ou d'une Sarita Montiel, « inoubliable » héroïne du « génialissime » *Noches de fuego*, torride et transpirant film de paso doble. Un troisième, nous nous troublions au ras de la jupette d'un gladiateur, devant le glaive en papier mâché et les cuisses antiques et musclées d'un Hercule ou d'un Maciste, rois du péplum. Ça, c'était du cinoche. Avec Frédéric-le-Grand, au moins, on ne bossait pas pour le roi de Prusse : on avait toujours quelque chose à apprendre. Et puis un beau soir, nos salles à manger restèrent obscures. Mitterrand-neveu voulait créer d'autres émissions, il était allé courir d'autres *Destins*, il avait attaché d'autres chaînes de télé à ses chevilles un peu enflées. Nos étoiles étaient éteintes, nos toiles étaient crevées.

On en revint bêtement au cinéma du coin de la rue, histoire de voir, après ces soirées de rêve perdu dans les années cinquante, ce que les créations des années quatre-vingt pouvaient offrir à nos pupilles avides de dilatations frissonnantes.

LES TICS D'UNE ESTHÉTIQUE EN TOC

Le cinéma français, pendant la décennie, ne s'était pas

contenté de regarder dans le rétroviseur du passé, ou de suivre image par image le modèle des gros oncles d'Amérique. Il avait même accouché de sa propre esthétique pétrie de références nouvelles, originale, neuve, moderne, quoi.

On veut parler, bien sûr, des Beineix et autres Besson, petits génies de la branchitude sur grand écran, rois de l'esthétique du toc, dont le moindre métrage est salué par un battage médiatique confondant. Le phénomène a commencé avec *Diva* de Beineix en quatre-vingt, immédiatement divinisé par un public hystérique. Mais, par un hasard fâcheux, ce *Diva* avait été totalement oublié de la critique qui, du coup, pour les films suivants et ceux de Luc Besson, s'est assez bien rattrapée. Il est peut-être temps de faire le point. Fabriquer un film *eighties*, au fond, c'est assez simple. Il suffit de suivre une recette dont on voudrait, ici, donner les ingrédients :

a) Des tics :

Dans les années quatre-vingt, un long métrage qui se respecte se doit d'être directement inspiré par la pub. On ne dit plus : « Ça, c'est un vrai travelling à la Welles. » On dit : « C'est beau comme le dernier spot de Citroën. » C'est jeune, ça a de la chetron, c'est sauvage. Pour obtenir cette indispensable *touch of pub*, un seul conseil : il suffit de lécher ses images jusqu'à l'écœurement. On le sait, dans les réclames pour MacDonald's ou Burger King, le moindre rond de tomate est passé à la teinture pour que son rouge s'accorde précisément au vert du bout de salade placé en dessous du (faux) beefsteak piqué pour avoir l'air saignant, etc. Chez nos *maestri*, c'est pareil : dans *37°2*, il faut que le chat blanc (de blanc) passe à côté d'une bouteille vert absinthe sur un fond orange ou que la Mercedes jaune se profile sur un ciel bleu (comme l'enfer).

Pour la technique narrative, c'est encore plus simple : il suffit d'enfiler des clips sur trois ou quatre interminables plans fixes dont chacun, comme l'écrit Serge Daney dans *Libération*, « semble crier : j'ai été fait par Beineix ». Chez Besson, la recette est la même. On croit voir, derrière chaque image, clignoter une enseigne : « Attention Art. »

b) **Du toc :**

Pour le scénario, il faut d'abord, sur un substrat de sous-culture ambiante (la bédé, la série noire américaine), plaquer du romantisme fiévreux, de la passion dévorante, de l'hystérie créatrice. La dispute-entre-amoureux, par exemple, ne se conçoit pas à moins de cinq minutes de hurlements en continu, et d'un cocktail d'ecchymoses et d'exquis mots de la meilleure tradition (salope, enflure, etc.). La sauce sera liée de quelque vieille farine : au choix, les affreux-de-la-création *(37º2)* ou mieux encore la Belle et le Clochard *(Subway)*. Mais ceci est accessoire. L'essentiel, c'est d'« être moderne ». Ne l'oublions pas : il ne s'agit pas de faire un film. Il faut signer le « manifeste d'une génération ». *Diva* livrait de scène en scène une véritable petite modernité en *kit* : le *loft* plus la hifi plus les fringues-fluo-vinyle-de l'héroïne plus le-méchant-qui-a-un-*look*-de-skin plus les-hyperréalistes-au-mur, plus le *walkman*, plus n'en jetez plus, la coupe est pleine.

Besson, lui, accumule sans complexes les cheveux platine hérissés de Lambert, les *rollers* du pickpocket, la coiffure iroquoise d'Adjani, le métro la nuit (plus chic que la place Jean-Baert, à Dunkerque, un samedi midi) et un titre très classe : *Subway* (en français : RATP).

Et enfin, dernier et indispensable ingrédient, il faut soigner le service clientèle. Jouer les artistes maudits, les torturés du spleen créateur, les déchirés par l'angoisse du talent est très conseillé.

Pendant tout le tournage, Besson a plongé son *Grand Bleu* dans le grand noir du secret absolu. Excellent ! Beineix s'engueule avec ses acteurs dans les festivals. Félicitations ! Puis il interdit de projection les critiques de cinéma. Bravo ! Un de ces jours il va aller cogner le typographe de *Pariscope* parce qu'il aura écorché l'orthographe de son Nom sacré. Normal ! Beineix est un génie. Ce n'est pas à un fils de pub comme lui qu'on apprendra que l'on ne fait pas son génie sans bouillir.

SAINT-FRANÇOIS-DES-SALLES-OBSCURES

Allez. Rangeons notre fiole à fiel. Il faut bien qu'on le confesse enfin : il y eut aussi, durant cette décennie esthétisante, « second degré », chichiteuse, prétentieuse, de bons films. De bons films, des vrais, des comédies à se tordre et des drames à pleurer, des policiers et des séries roses, des épopées en dolby stéréo et des tableautins intimistes. Si déjà, chauvinement, on décide de faire l'impasse sur les étrangers, le « nouveau jeune cinéma anglais » et les tiers-mondistes de génie, les Jim Jarmush et les Wim Wenders, James Ivory ou Bertolucci, l'éternel Fellini ou le décoiffant Almodovar, on se retrouve encore avec un régiment entier d'excellents Français. Soyons concis : on ne dira pas tout le bien qu'on pense de Chabrol et de Demy, de Blier, de Vecchiali, de Miller, de Bresson, de Resnais, de Deville, de Kurys, de Varda, de Pialat, de Stevenin et de tous-les-merveilleux-talents-de-la-grande-famille-du-cinéma-que-l'on-oublie-qu'ils nous excusent, comme on dit aux Césars.

Nous voudrions juste, ici, en peu de lignes, mettre notre ironie en coulisses et notre chapeau bas devant deux Saints de la pellicule, deux Anges qui illuminèrent de leur grâce l'obscurité de ces années passées.

Le premier est saint et martyr. Il s'appelle François Truffaut. Fauché dans sa gloire par une infamie du destin, un jour d'automne 1984, il est parti refaire les quatre cents coups au royaume des Justes sans vraiment connaître cette décennie. Pourtant, après des années soixante-dix qui, à sa tendresse, avaient préféré les tortures cérébrales de son cousin Godard, la fin des années quatre-vingt, enfin, rend le culte qui lui revient à Saint-François-des-salles-obscures. On édite sa correspondance. *Les Cahiers du cinéma* relient leur beau *Roman de François Truffaut*, au départ simple numéro spécial à l'occasion de sa mort. Par amour pour Antoine Doisnel, on s'effondre quand Jean-Pierre Léaud assomme sa vieille voisine à coups de pot de fleurs. On redécouvre ses critiques. On voit Hitchcock ou Guitry comme Il les vit. Et surtout, dans l'océan du PAF, on saute sur la moindre rediffusion d'une *Peau douce* ou d'un *Argent de poche*, îlots de sable fin dans des marais d'eau stagnante. Pourquoi aimer François Truffaut ? Parce qu'il fut modeste, fidèle, humain, parce qu'il aimait les femmes, parce que *Jules*, parce que *Jim*, parce que *Baisers volés*, parce que l'*Amour à vingt ans*, parce que *la Mariée était en noir*, parce que *Vivement dimanche*. Parce que enfin, quand on erre dans les rues désertes de la nuit solitaire, il reste toujours, sous nos pieds, un *Dernier Métro*.

Le second de nos héros s'appelle Éric Rohmer.

Celui-ci est un saint « confesseur ». Il est le seul à savoir faire dire à son époque le mystère de son âme. Le seul à saisir l'air du temps sans le mettre sous vide. Les Beineix et les Besson s'écrient, à chaque séquence : « Je suis moderne ! Je suis moderne ! » Rohmer ne crie rien, il écoute. Il n'a jamais rien fait, lui, pour aller vers la mode. Il a tourné, toujours, pendant trente ans, comme il voulait tourner. Et la mode est venue vers lui, par un mois d'août quatre-vingt-quatre, parce que ses *Nuits de la pleine lune* firent le plein jour sur une génération disséquée jusque dans sa banalité même. En deux mois, les cabas en plastique, les foulards fluo et les chignons flous s'étaient abattus sur la Jeune France, parce qu'il était urgent, pour être de son temps, de ressembler à Pascale Ogier, l'héroïne. A l'âge où on a l'art d'être grand-père (il est né en 1920), Rohmer s'affirme le seul à savoir filmer cette masse mouvante et trouble qu'on appelle la jeunesse. Depuis, entre *le Rayon vert* et l'*Amie de mon amie*, il a continué à gravir les marches du grand escalier de la consécration.

Nul doute qu'il y ait, dans l'amour de Rohmer, une large part de narcissisme. On jubile parce que l'on se reconnaît à l'écran, parce qu'on jurerait que ces remarques, ces dialogues, on les a déjà entendus mille fois. Dans ces historiettes, ces marivaudages légers comme les jours qui passent, ces lieux qui nous sont tellement communs, on rit de se voir si vrai en cet effet-miroir. Rohmer, lui, est un génie. Après des décennies alourdies de « cinéma qui pense », il est le premier à avoir inventé le « cinéma qui réfléchit ».

Tout n'est donc pas à jeter dans les kilométrages de pellicule que nous laissent les années quatre-vingt. Mais que préparent, dans le secret des tournages à venir, les années quatre-vingt-dix ?

On pourrait, bien sûr, chercher les traces d'une « tendance » en préparation dans les œuvres de la plus jeune génération des *eighties*, les Virginie Thévenet, dont les *Jeux d'artifice* un peu précieux se plaçaient sous l'ombre de Cocteau, les Léos Carax, salué pour *Boy meets girl* ou *Mauvais Sang* comme un jeune Godard, ou les Jean-François Amiguet, dont *la Méridienne* eut droit à la prestigieuse épithète de rohmérienne. On pourrait supputer le retour, très attendu, de la comédie américaine, parce que le festival de Venise 88, notamment, s'est plié de rire sous quelques joyeusetés envoyées par la côte Ouest. On pourrait encore jurer nos grands dieux que les années quatre-vingt-dix seront sacrées, parce que entre *Thérèse* d'Alain Cavalier et *la Dernière Tentation du Christ* de Martin Scorsese, quelques-uns des derniers chocs du septième art furent piqués au mystique. On pourrait surtout, enfin, se planter en beauté, et en très gros plan. Les années quatre-vingt nous ont, en matière de cinéma, enseigné une certitude absolue : on n'est jamais sûr de rien. Disions-nous que le monde appartenait aux machines de guerre des « Major Companies » américaines ? C'est le fameux effet *Trois Hommes et un Couffin* en 1986. Ne jure-t-on plus que par les petites-comédies-bien-ficelées-à-petit-budget ? C'est l'énorme *Dernier Empereur* qui remet les pendules à l'heure des super-productions. Et on se retrouve, dans la foulée avec *Bagdad Café* ou encore *la Vie est un long fleuve tranquille*, météorite de génie tombé d'on ne sait où, sans stars et sans gros moyens, qui, avec 1,2 million d'entrées écrase de sa finesse les navets *body buildés* d'outre-Atlantique, les *Wall Street* et les *Robocop*. Même les auteurs donnent désormais dans le rebondissement imprévu. On encense Mocky avec le bidonnant *Miraculé*. Il sort les consternantes *Saisons du plaisir* puis *Une nuit à l'Assemblée nationale* qui tient encore moins longtemps à l'affiche qu'un président du Conseil sous la quatrième République. Zidi, regardé avec condescendance par la critique mijaurée, avait déjà fait le coup en lui envoyant dans la fine bouche les excellents *Ripoux*. Voilà qu'à l'automne 88, c'est Claude Sautet, celui des films du dimanche soir à la télé, celui qu'on pensait rouillé entre *Max et les Ferrailleurs*, qui sort un bijou ciselé, un travail d'orfèvre intitulé *Quelques Jours avec moi*. Bref, pour les années quatre-vingt-dix, on peut vraiment s'attendre à tout : Jean-Pierre Mocky va devenir distingué. Bresson va tourner une comédie désopilante, Fellini va arrêter de parler de lui, et Godard va faire un film qu'on comprendra.

Non. Il ne faut quand même pas exagérer. Reprenons : *sauf* pour Godard et Fellini, *tout est possible*.

DE LA MUSIQUE

Notes préliminaires en forme de fugue

Ceux qui, voyant ce titre, espèrent que l'on va ici parler des jazzantes nouveautés du *post-free*, des dernières croches et anicroches de la musique contemporaine, ou de l'engouement récent qui mène tout le monde à l'Opéra peuvent dès à présent remballer leurs partitions de *Sammy Price* et leur abonnement à *Diapason*. Qu'ils nous pardonnent : de tout cela, on ne soufflera mot. On ne voudrait ici parler que de la « vraie musique », c'est-à-dire de celle que l'on entend sur la bande FM, en boîte, au Prisunic en poussant son caddy du samedi matin, ou mieux encore en écoutant le Top cinquante, véritable révolution culturelle des années quatre-vingt.

AU TEMPS DE L'AGIT-POP

Ceci étant posé, cette « vraie musique » commença pour nous, à la veille des années quatre-vingt, dans des accords imparfaits qu'on imagine assez mal dans les Prisunic ou au Top cinquante : c'était le bon vieux temps du *punk*. Nos grands frères avaient fait leur éducation musicale, allongés sur de la moquette à poils longs en fumant des cigarettes à l'eucalyptus (dans le meilleur des

155

cas), avec des groupes « hyper-planants » : Tangerine Dream ou Klaus Schultze.

Nous, à l'âge où on réalisa qu'on était un peu vieux pour continuer à swinguer *la Truite* de Schubert à la flûte à bec, on découvrit les douces harmonies des Sex Pistols et autres Ramones. On passait directement de la *Symphonie pastorale* à *Massacre au marteau-piqueur*. Reste que ce marteau-piqueur eut une utilité certaine : il était le premier à attaquer l'imprenable citadelle du *rock*, monument de marbre érigé au temps du King. Attila musical, le *punk* détruisit tout : plus d'harmonie (zink boum zink boum), plus de paroles *(fuck fuck fuck)* plus de message *(no future)*. Désormais, tout était à reconstruire.

Évidemment, au début des années quatre-vingt, la reconstruction s'annonçait difficile. Sur le champ de ruines, toutes les factions, toutes les tendances, toutes les tribus rebâtissaient seules leur petit temple à elles. La décennie s'ouvrit sur une assourdissante cacophonie. C'était le temps de l'*Agit-pop*. Des oreilles ennemies peuplaient la France. On cultivait l'intolérance comme une vertu. La grande fosse d'orchestre du *Monde de la musique* était une fosse aux lions. On voyait, par exemple, les vieux purs et durs, ceux qui ne juraient que par les plaisirs décadents des Stooges et du Velvet, cracher dans la soupe musicale qu'était, pour eux, la *new wave*. Les *new wave* n'en avaient Cure. Les Rastas ne pensaient qu'à se Marley. Les *funky* n'écoutaient que leur jeu de jambes et les *smurfers* leur mot d'ordre en saccades : « Bloque ton corps et fais le robot. » Les minets disco trouvant le *rock* vulgaire, se contentaient des martèlements du post-Travolta. Et les *skins* chassaient dans la rue les *mod's* pour imprimer sur leurs jolies parkas la trace de leurs Doc Marten's (à clous).

Ceux qui savent de quoi on parle nous comprendront. Les autres n'ont qu'à se consoler en notant que, dans cette note de synthèse, on leur a épargné la sous-branche ska, la famille rockabilly, ses variantes les Teddy boy's et les Cats, la *cold wave*, les Batcave et les Pirates, pour ne rappeler que les plus célèbres.

Dans le charivari ambiant, le fossé des générations continuait à se creuser à la pelleteuse. Les parents, dans l'ensemble, pensaient qu'il valait mieux être sourd plutôt que d'entendre ça. Ils croyaient que Plastic Bertrand, chanteur belge, était une *punk star* simplement parce qu'il sautait sur le plateau de Maritie et Gilbert Carpentier en faisant des grimaces. Ils n'arrivaient pas à faire la différence entre Elvis Costello et Elvis. Ils s'obstinaient à offrir aux anniversaires des *greatest hits* des Beatles (« Avec ta mère, on s'est dit, c'est un truc jeune, ça va lui faire plaisir. »)

Et nous, les sentimentaux, les âmes sensibles, les petits aux grands chœurs, on en était réduits à écouter nos vieux Barbara en cachette. Parce qu'en public, il fallait étaler des goûts insoupçonnables et des états de service sans reproche. Jurer, par exemple, avoir vu (personne n'était là pour vérifier), avoir vu le premier concert des Clash, en 1975, avec douze fans survoltés, dans l'arrière-salle d'un *pub* de la banlieue de Londres. Ou parler discrètement mais sûrement de l'émission de *rock* qu'on avait animée sur une radio « pirate », un des grands moments (tous les soirs de deux à quatre heures du matin) de l'histoire musicale des ondes (de Limoges et sa banlieue).

Évidemment, *a contrario,* il était urgent de bannir soigneusement de son CV tous les funestes pâtés qui pouvaient l'entacher. Autant ne pas rappeler le jour fâcheux où le ravissant bassiste des Fanatics rencontré au Gibus, haut lieu de la scène *rock* parisienne, et ramené à la maison était tombé, tout au fond de la discothèque, sur le *Best of* de Simon and Garfunkel. La honte. (« J'te jure, c'est pas à moi, c'est à ma sœur, elle est un peu craignos. ») Ni celui où ce perfide ex-camarade de terminale A, monté à son tour à l'assaut de la capitale, avait fait circuler l'odieuse vérité: non, on n'avait pas passé l'oral du bac avec une crête vert fluo, mais en sabots et chemise indienne, comme tout le monde.

La vie était d'autant plus épuisante qu'il ne suffisait

pas, pour se garder de toute avanie, de décréter un beau jour une appartenance à telle ou telle faction. Il fallait, en plus, éviter tout risque de dérapage en se blindant une érudition à complexer le rédacteur en chef de *Rock et Folk*. Les classicos l'avaient toujours fait, méprisant le pauvre monde qui aime les *Quatre Saisons*, Tchaïkowski et *Tino Rossi chante Schubert*, et se divisant à l'infini en micro-chapelles irréconciliables (« Elle m'a offert un Ligetti ! Encore un coup comme ça et c'est la rupture »). Les modernes appliquèrent à leur discours la même méthode. Avant, au bon temps du yéyé, par exemple, il suffisait de découper les posters géants dédicacés dans *Salut les copains* pour se tenir au courant. Désormais, il fallait acheter *Best* ; lire (dans le texte) le *New Musical Express* et *Melody Maker* ; collectionner d'innombrables *fanzines*, trois exemplaires crasseux, quinze pages, dont dix illisibles (« C'est super, c'est le guitariste des Électronase qui le tire sur la photocopieuse du bureau à son père ») ; décrypter les papiers de *Libé* sur le groupe culte du jour, le combo du moment, trois pages, cinq cent douze citations, quatre cent vingt-trois références, un concert (deux jours avant, à Torhout) ; connaître les vingt-sept reformations de Marquis de Sade ; être incollable sur les filiations et parentèles : « Mais si, tu sais bien, le clavier des Porte-mentaux, c'était le chanteur des Olivenstein, après ils ont splitté et il a fait la guitare des Peggy Lux Beurk » ; se taper les Transmusicales de Rennes (trois jours. Sous la pluie. Au camping) ; acheter des *collectors* au marché noir (« Ça m'a coûté 500 balles mais je suis le seul à avoir le live des Steeple Chèvre's à Bagnères-de-Luchon ») ; et, enfin, réussir à se trouver dix minutes par mois pour écouter un disque.

LA TECHNO POP

Ces temps sectaires ne pouvaient durer. Les guérillas interbandes pompaient toutes les énergies. A force de ne pouvoir s'entendre avec personne, on finissait par être sourd à tout progrès. Heureusement, quelques organes puissants vinrent sortir la musique de sa voix sans issue. Quelques personnalités multifacettes vinrent recréer autour d'elles le consensus perdu. On s'aperçut par exemple que quand David Bowie (un ancêtre) faisait un disque, il arrivait à accorder toutes les dissonances. Gainsbourg réussissait le même tour de force, à chaque tour de chant : il plaisait aux jeunes gens modernes (ils l'ont vu au Casino de Paris), aux trentenaires libidineux (« Avec Nicole, on se repasse *Love on the beat*, ça nous met en forme »), à mon papa (il a connu maman en dansant *la Javanaise*) et à sa fille Charlotte. Et notre Johnny national, qui avait fait la gloire du yéyé dans les années soixante et soufflé dans tous les tubes des années soixante-dix *(« Que je t'aaiaiaime, que je t'aiaiaime »)* réussissait à négocier en douceur tous les virages des années quatre-vingt : ici un album avec Michel Berger, là une caution intello *(Quelque chose de Tennessee)*, ou un retour au *blues* (dans son disque avec Carmel).

La jeune génération américaine, celle de Prince, Madonna et Michael Jackson, fit elle aussi la plus surprenante unanimité. Un hallucinant front uni se créa autour d'un pervers polymorphe, d'une vierge body buildée et d'un nabot lifté. Ils firent danser la multitude (« Trilère, c'est super »), remuèrent les cours de récré (« Ma mère, elle m'a dit qu'à ma communion j'aurai une croix pareil que Madonna »), branchèrent Jacques Chirac (« J'aime beaucoup la musique de jeunes »), extasièrent les branchés (« Le clip de Mondino pour Madonna est divin »), et remplirent la presse d'investigation (« Pour vous, notre reporter s'est fait greffer l'ancien nez de Michael Jackson »), la presse à scandale (« Madonna est-elle *just a virgin* ? ») et même *Le Monde* (« Prince est d'abord un artiste de scène à la fabuleuse énergie ») *(sic)*.

L'autre révolution de l'époque est une révolution financière. Il ne s'agissait plus, soudain, en chantant, de faire de l'Aâârt. Il s'agissait aussi de se griser à la suave mélodie du tiroir-caisse. L'heure était à la *techno pop*. Il fallait vendre. Autrement dit être prêt à tous les mixages, à tous les arrangements, à tous les fonds de synthétiseur pour accrocher un tube au seul baromètre fiable : le Top cinquante. Pour ce faire, même les purs et durs qu'on croyait bégueules comme des collégiennes et sectaires comme des intégristes, mirent de l'eau de rose dans leur Valstar.

Les Luna Parker, qu'on avait connus Tokow Boys[1] abonnés des concerts gratuits dans les *squatts*, cartonnèrent au Top cinquante avec *Tes états d'âme Éric*. Indochine, qui avait fait pogoter les *kids* sur *Dissidence Politik*[2] en des temps lointains, fit de la pub pour la carte jeune de la SNCF. Elli Medeiros (ex-Stinky Toys) alla trémousser son *Calypso* chez Michel Drucker sans rougir. Étienne Daho, que son fâcheux penchant pour Françoise Hardy faisait mal voir de ses amis rennais (il passait pour « le zozo de la bande, le flippé de la variété », lit-on dans *Libé*) triompha enfin. Avec Lio, Niagara ou Bill Baxter, un concept gentillet, un peu flou et universel envahissait les ondes, les platines et les têtes : la techno pop. Les mélodies n'étaient pas des miracles d'inventivité *(« boum boum tchikitchik »)* ni les textes porteurs de messages particulièrement élevés *(« tchikiboum tchiboum »)*, mais ça marchait, ça plaisait à tout le monde.

Même les monuments de la chanson française se résignèrent à passer par les galeries étroites de la Topinière obligée. Julien Clerc se découvrit sur le tard un *Cœur de rocker*, Souchon tourna un clip au rythme haletant, Michel Jonasz ouvrit une *Boîte de jazz*.

En tout cas, aujourd'hui, les derniers verrous sautent : Rita Mitsouko, couple formé par une ex-star du porno (Catherine Ringer) et un ex-taulard (Fred Chichin), c'est-à-dire à peu près ce qui se fait de mieux dans l'authenticité *rock'n roll*, revendiquent l'étiquette de « groupe de variété ». La même Catherine Ringer, d'ailleurs, a enregistré en juillet 1988 un duo avec Marc Lavoine, créateur des *Yeux revolver* et don Juan des

1. Ça ne vous dit rien, c'est normal.
2. *Idem.*

160

CM2. Personne, cette fois, ne songe même à s'étonner. On n'ose imaginer l'effet qu'aurait produit, dix ans plus tôt, un récital en stéréo de Johnny Rotten et Nana Mouskouri (« *le petit tambourrrr — fuck fuck — et rrapammpammpamm — kill kill* »).

LA MELTING POP

Hélas, le Top aussi, sous son empire commercial, permit bien des horreurs. Il accentua le règne des succès-Kleenex, fabriqués en série, bêtes à pleurer, et surtout bons à jeter après usage. C'est lui, l'ignoble, qui déversa sur le marché les brassées de Lolita prépubères, les Elsa, Vanessa Paradis, Corinne Charby et Sabine Paturel parties pour faire croire jusqu'à la ménopause qu'elles continuent à redoubler leur sixième. Puis les brassières de Sabrina la pulpeuse qui pense qu'on peut faire carrière sans voix, mais avec une gorge. Ou les beaufs avinés *(Viens boire un pt'tit coup à la maison)*. Ou, ultime et odieux avatar, les vieillards chantants, Jean Marais dans du disco, Denise Grey dans un clip. N'ont-ils donc tant vécu que pour cette infamie ?

Heureusement, aujourd'hui, le snobisme change de gamme. Il y a trois ans encore, il fallait tous les samedis soir avoir le nez collé sur Canal Plus pour être sûr de suivre place à place le classement du Top. Désormais, à la même heure, on peut très bien écouter *les Cinglés du music-hall* sur France-Musique : les vraies valeurs musicales sont ailleurs. Des voix s'élèvent enfin contre la vacuité du *show-biz* et la stérilité de la musique en boîte de conserve. *Globe* a baptisé cela le « retour du sens ». Ce « sens » va, selon nous, dans trois directions.

1. Le *sens-scrupule* ou *néo-babacoolisme :* le phénomène a commencé, il y a trois ou quatre ans, avec Band Aid, et sa fournée d'ex-*punks* recyclés dans le bon sentiment et la lutte contre la faim. Derrière Bob Geldof, ils sont allés quêter pour l'Éthiopie. Lassée de

161

chanter des textes creux pour des têtes vides, toute une génération a réalisé qu'il n'était pas plus mal d'utiliser les tubes pour remplir des ventres. Tant mieux. On a vu également quelques stars tourner pour les droits de l'homme. Bravo. Ou Johnny Clegg, zoulou blanc, aller crier en longs ululements sa haine de l'apartheid. Hourrah.

Certes, ce courant porte en lui un potentiel de niaiserie qui pourra à la longue chauffer les oreilles les plus charitables. Sting, par exemple, qui donne des leçons de morale à la planète entière est déjà insupportable. Mais, dans l'ensemble, le sens-scrupule va dans une direction plutôt sympathique. Il implique, en parallèle aux bons sentiments, un retour à une authenticité musicale bienvenue. Tracy Chapman, la petite reine du *blues*, ou Michelle Shocked, celle du néo-folk, en reviennent aux instruments acoustiques. Et Midge Ure, rescapé d'Ultravox et de la *New Wave*, crache le morceau tout cru à *Libé* en octobre 1988 : « Avant Band Aid, j'étais un branleur égoïste... Et puis j'ai compris qu'il était possible d'infléchir notre destin. Ma génération est redevenue hippie... » Pour tout dire, on commençait à s'en douter. Léonard Cohen repointe le bout de la guimbarde. Maxime Le Forestier ressort du bois de l'oubli. Encore un effort, et on pourra enfin exhumer les guitares sèches et les carnets de chants pour reprendre l'intégrale de Graeme Allwright dans les soirées chics.

2. Le *pur-sens* : cette deuxième tendance est plus rare, et plus austère. Il s'agit de la curieuse mode du « *rock* intello ». On connaissait les Simple Minds (en français : simples d'esprit). Voilà que l'on découvre que les *rockers* peuvent en avoir sous le synthétiseur. Paul Morissey, chanteur des ex-Smiths, place Cocteau et Joyce à tout bout de chant, l'ex-leader des Scritti Politi en appelle à Derrida et Ouï FM fait sa publicité avec des vers de Fernando Pessoa. Le jour où Chantal Goya citera plus de trois fois les mots prolégomène et phénoménologie dans ses comédies musicales, on comprendra combien cette tendance pouvait être dangereuse.

3. Le *sens-mêlé* ou *melting-pop* : cette troisième tendance est nettement plus sympathique. Elle est vieille déjà de quelques années mais ne s'épuise toujours pas. C'est elle, enfin, qui détourne le public du conformisme *rock* et de l'impérialisme anglo-saxon. On découvre qu'on peut danser avec les pieds-noirs. C'est l'heure de la *melting pop* : les cousins africains, Manu di Bongo, Touré Kunda, Mory Kanté font des triomphes à Paris ; les frères antillais, Kassav, Malavoi mettent le zouc de Dunkerque à Ajaccio. Ceux du Maghreb, les enfants d'Oumkalsoum et de Coca-Cola, ouvrent des voies sur des *raï* nouveaux. Et les jeunes gens modernes, quand ils sont rassasiés du stock de *fado* ramené du Portugal, vont à Barbès acheter des cassettes de musique arabe.

Il reste enfin une « ultra-tendance », un tout dernier courant naissant qui pourrait bien emporter toute la musique des années quatre-vingt-dix. C'est le retour aux racines hexagonales. Le label « chanson française » sombrait lentement, jusque-là, sous *le Petit Pont de bois* d'Yves Duteil et les bêlements de Francis Cabrel. Enfin, il se déculpabilise. Nostalgie, au nom beau comme une chanson de Piaf, commence comme petite radio privée lyonnaise. En trois ou quatre ans, elle se répand dans le pays entier, elle court comme une « maladie d'amour », en panachant sans vergogne Aznavour et Mike Brant, Maurice Chevalier et Ringo Willicat. Les caprices, c'est fini. L'heure est au décomplexé. Même NRJ, valet notoire de l'impérialisme musical américain, cède sous cette onde de choc et est obligé de créer Chérie FM qui puise à la même veine tricolore. Seghers publie une biographie de Michel Delpech. Les Garage Bands reprennent du Brel. Nougaro, après avoir été mis au chômage par Barclay un an plus tôt, fait une entrée fracassante au Top cinquante.

Les beurs y vont de leur obole à cette nouvelle quête de racines. Les Carte de Séjour ressortent une *Douce France* oubliée. Et grâce à eux, tout le monde se retrouve un père très spirituel en la swingante personne de Charles Trénet. On le croise partout celui-là : il est sur les plateaux de télé, redonne des récitals, fait replaner sur la variété l'ombre de son trépidant bibi. Il remet dans les cœurs un parfum d'antan, un parfum de « fleur bleue », d'avant-guerre et de « Romances de Paris ».

Et le phénomène s'amplifie. Enfin les Français se refont une virginité musicale. Pour la première fois depuis des années, ils ruent dans les brancards américains qui les liaient jusqu'alors, ils secouent le carcan *yankee* qui leur tenait lieu de traité d'harmonie. Les grands ancêtres yéyés, Jean Vacance (en anglais : Johnny Hallyday) ou Richard Rivières (en anglais : Dick Rivers) n'étaient capables que de chausser les *blue suede shoes* d'occasion qui venaient d'outre-Atlantique : tout, rythme, paroles, était pompé quelque part du côté du Tennessee.

Les années quatre-vingt-dix naissantes se repenchent, elles, du côté de Ménilmuche, de la java et du patrimoine hexagonal. *Simon et les Modanais* réussissent à faire un succès en sortant du congélateur des chansons de fin de banquet comme *Étoile des neiges*. Le beau Florent Pagny, qui parade avec un vrai *hit*, lâche le morceau sans complexes. C'est pas Elvis, lui, qu'il a dans la peau : « *Moi, à onze ans, je chantais l'intégrale de Luis Mariano, avec le timbre et le vibrato.* » Et même les ex-*punks*, devenus des *néo-Apaches*, ressortent les accordéons. Les Endimanchés chantent les vertus des jardins potagers. Les Garçons bouchers, sous le nom évocateur de *Pigalle,* refont des chansons réalistes. Les Bérurier noir se spécialisent dans le *rock franchouillard*. Leur hymne est poétique : « Salut à toi, la vache Kiri. » Qui, à l'écoute d'une telle apostrophe ne se sent déjà fondre ?

AVANT

APRÈS

DE L'ARCHITECTURE

Sur les lieux mêmes qui accueillirent des manifestations cultes par excellence, *Ciné-Cité* ou *les Allumés de la Télé*, la Villette, en juin 1988, ouvrait sa Grande Halle au premier salon de l'architecture. Là où le grand public s'était pâmé devant les décors de *West Side Story* et les extraits de *Blade Runner*, il était convié désormais à pencher son front populaire sur des maquettes de crèche et des plans d'usine en réhabilitation.

Le très *select* musée d'Orsay consacre des vitrines entières à la reconstruction de Paris du baron Haussmann. L'Institut français d'architecture (inauguré en 1981) atteint jusqu'à la centaine de milliers d'entrées pour quelques-unes de ses expositions. Éric Rohmer ne s'intéresse qu'aux « villes nouvelles ». Les jeunes gens chics ne décorent plus leurs murs qu'avec des plans de coupe, des croquis de maître d'œuvre ou des esquisses de bâtiment oublié. Et ma cousine de Rouen ne rêve plus que d'aller déjeuner au restaurant de l'Institut du monde arabe, rien que pour le coup d'œil sur les *moucharabieh* de la façade de Jean Nouvel. Les années quatre-vingt nous auront réappris au moins une chose : quand on marche dans les rues, désormais, on relève la tête. Non pas, grands niais, parce que les caninettes de Jacques Chirac sont d'une irréprochable efficacité. Simplement parce que, enfin, l'architecture est à la mode.

La chose est nouvelle. Jusqu'alors, ce bel art plastique

se limitait à une poignée de noms, sagement circonscrits à un passé lointain : Mansart, Nicolas Ledoux, Viollet-le-Duc (en dire du mal), le facteur Cheval (s'extasier avec ironie) ; ou, pour les avant-gardistes, Guimard (celui du style Nouille), Mallet-Stevens ou Le Corbusier (en dire du bien). Pour le reste, on pataugeait en terrain vague. Du reste on ne disait plus dans les années soixante/soixante-dix « architecture contemporaine », on disait « les cages à poules de Sarcelles ». Les architectes étaient des gens qui, à tour de bras de grue, jetaient dans des banlieues pourries de grandes caisses à chaussures nommées sans complexes « barres ». Sur ces ruines, les promoteurs immobiliers bâtissaient des fortunes. Entre la Villette, Beaubourg, les Halles, l'urbanisme se réduisait à des problèmes de trou, ce qui était quand même un comble. Le seul artiste que l'on connaissait s'appelait Ricardo Bofil. C'était le Catalan préféré de Giscard, mais on le trouvait sympathique, avec ses frontons néo-classiques, et sa volonté de faire des HLM façon Versailles. Mais à chaque fois qu'on tentait son nom dans un dîner, on se ramassait un bombardement nourri sur le coin de la colonnade post-corinthienne : « Pompiérisme douteux, esbroufe néo-fasciste, architecture de carton-pâte. »

Les seuls architectes qui, au début des années quatre-vingt, avaient une conscience, ne construisaient que des écoles. Pas des écoles primaires, non, quand même. Des écoles pour faire avancer le débat d'idées : on avait les modernes, les post-modernes, les néo, les historicistes ou les rationalistes qui s'insultaient à coups d'exposition frappante de didactisme. On le sent au seul énoncé de ces titres : *Modernité, projet inachevé* (aux Beaux-Arts en 1982), *Présence de l'histoire : manifeste post-moderne grandeur nature* (encore aux Beaux-Arts, un an plus tard).

Les choses vinrent à changer. François Mitterrand, tout nouveau locataire à l'Élysée, se découvrit un goût pour le bâti. Il lui fallait « inscrire dans l'espace et sculpter dans la matière notre projet de culture ». Il décida bien sûr d'appliquer une idée aussi capitale à Paris. Belle destinée pour un défenseur des classes laborieuses, ce président devint un homme de chantiers.

Voilà la ville toute semée, de la Défense à la Villette, de la Bastille au Louvre, de ses projets grandioses. Voilà assez de sujets de conversation pour meubler les dîners et les esprits. Voilà, du même coup, l'édition et la presse assurée d'un petit fonds de commerce. Parce qu'il s'agissait, désormais, d'être assez costaud sur le chapitre du bâtiment. On devait pouvoir passer sans hésitation du musée d'Orsay au futur nouvel Opéra. Confondre la Grande Arche et l'Arc de Triomphe, par exemple, était une chose qui vous démolissait aux yeux de tout le monde. Approuver le Grand Louvre devant un inspecteur des Finances tenait du comportement suicidaire. En outre, même le jugement à porter sur tout ça n'était pas évident : au début, à tout hasard, la gauche soutenait, par définition, le grand œuvre tontonesque, et la droite tentait d'en saper les fondations. Mais après, entre les bisbilles avec les communistes, et les bouderies des rocardiens, l'affaire devint vraiment coton. Chirac lui-même s'amusa à faire le Jacques en défendant la Grande Pyramide de verre de Pei, projet présidentiel. Il fallait se tenir sérieusement au courant. Bref, peu à peu, à force de polémiques et de documentation, question archi, on commença à se sentir béton.

Ça tombait bien. Justement, les constructions nouvelles se mettaient à devenir astucieuses, belles, habitables, et diverses, filles d'une génération d'artistes plus attrayants, moins dogmatiques que leurs grands frères, en un mot, plus urbains.

Une journaliste du *Point* leur a trouvé le bel acronyme de *Japs : les jeunes architectes parisiens*. Dès le milieu de la décennie, les *Japs* attaquent très fort. Jean Nouvel conçoit avec son équipe l'Institut du monde arabe. Portzamparc donne à Nanterre la ronde École de danse de l'Opéra. Roland Castro est chargé par le président de s'occuper de la réhabilitation des banlieues. Foin des écoles ou des théorisations à n'en plus construire qui dominaient jadis. Eux sont individualistes et jouent, comme l'écrit Castro, à la Conspiration des égos. L'« architecture est plurielle », dit Nouvel.

Les *Japs* sont d'un éclectisme réjouissant. Nouvel, encore lui, bâtit des logements sociaux, le théâtre de Belfort, des CES de banlieue (à Antony), propose des patrons de pull-over dans le *Jardin des Modes* et désigne des sacs à main sous le nom très chic de *petites architectures nomades*. Portzamparc enchaîne sur un Conservatoire de musique (VIIe arrondissement), un café branché (le Café Beaubourg). Et ils ont, enfin, un peu plus de poésie que l'on n'en avait dans leur branche jusqu'alors. Castro, qui rêve de casser le carcan périphérique autour de la capitale pour faire son Grand Paris, cherche dans les banlieues les plus maussades des « lieux magiques » oubliés, des jardins ou des forts mangés par le temps, qu'on puisse réhabiliter ; et veut lancer, sur la Seine, des *vaporetti*. On ne se souvient pas d'un tel charme dans les arcades de béton armé qui enterrent les Halles.

Le mouvement n'a pas l'air de vouloir s'arrêter. François Mitterrand, sitôt réélu, a sorti son projet de « plus grande bibliothèque du monde » qui fera tirer encore bien des plans et alimentera quelques bavardages mondains. Les gouvernements successifs, et plus encore celui de Rocard et de sa « démocratie au quotidien », ou les maires des grandes villes, ont compris que le meilleur moyen de se refaire un électorat était de redonner des couleurs pimpantes à son cadre de vie. Nîmes, Lyon, Montpellier, Metz se font ravaler les façades par les grands noms de la chirurgie esthétique urbaine. L'architecture a encore de beaux murs devant elle.

Sur ce, et à l'orée de notre conclusion, on sent poindre des critiques. Ironiques sur tout, se moquant de tout le monde, on se barricaderait brusquement dans le respect le plus plat devant trois tourelles et deux tas de pierres d'une bande d'artistes à la mode. C'est vrai, on craque

169

pour leurs croquis, on œuvre pour leur œuvre. Pourquoi le nier, on les aime ces petits-là. Au jour du Jugement sur la décennie quatre-vingt, quand les branchés en foule se casseront les dents sur Saint-Pierre comme ils se les cassèrent sur le portier des Bains, on est sûre, nous, que les architectes seront parmi les élus. Ceci dit, méfiance. A force d'encens, nos gentils architectes vont peut-être bien finir avec des têtes grosses comme des cathédrales. Encore un petit effort, et on les célébrera, dans la décennie quatre-vingt-dix, avec le même excès que leurs cousins *designers* ou pubeux des années quatre-vingt.

On n'ose imaginer... En 1993, Jean Nouvel publie un best-seller intitulé : *Ne dites pas à ma mère que je suis architecte, elle me croit créatif chez RSCG.* Un an plus tard, Portzamparc fait un tabac à *l'Heure de Vérité.* On trouve qu'il a des yeux sublimes. On s'entre-tue pour se faire inviter aux dîners que donne la concierge de sa dernière Caisse d'épargne de Chatillon-lès-Bagneux dans sa loge de fonction. Désormais, les nouvelles idoles désertent leurs chastes épures. On voit les *Japs* partout, on les interroge sur tout. *Globe* fait un numéro spécial intitulé « *Bâtiment Modernité* ». Jean-Paul Gaultier fait du recyclage dans la maçonnerie. Marguerite Duras contacte Serge July pour exiger d'interviewer Le Corbusier sur une double page. Après consultation de son pool de spécialistes (ils sont douze), Serge July doit apprendre à Marguerite Duras l'atroce nouvelle : Le Corbusier est mort. Marguerite D. écrit un très bel éloge funèbre : « Construire, dit-il. » Ça passe en page courrier. July fait un billet bref et émouvant : « La nécessité radieuse. » Roland Castro est nommé ministre délégué au Logement du nouveau gouvernement socialo-barro-centriste. A sa première conférence de presse, il annonce qu'il va déposer un projet de loi instituant le « minimum beauté » obligatoire pour tous les habitants des HLM. L'opposition est écroulée. Le président de la République demande immédiatement à son ministre technicien de bien vouloir reprendre l'ouverture dans le sens inverse de celui pris trois jours auparavant. Castro est remplacé par Paul Quilès. Jack Lang, enfin, commande à un jeune artiste inconnu un monument qui célèbre à sa mesure le triomphe de l'architecture. Le jeune artiste annonce « un gigantesque défi de moderni- té, qui saura chanter la fusion charnelle entre l'habitat contemporain et la sauvage beauté de la nature qui l'environne ». Il construit une tour en bouse de vache. Coût du projet : 0,1 milliard de francs lourds. *Le Canard enchaîné* exulte : « Pour cent briques, tas d'purin. »

grand dessein

DE LA POLITIQUE

VERS dix-sept heures quinze, Jeanjean, le fils du voisin qu'on avait à Dunkerque, était passé donner des nouvelles précises. Il venait d'avoir au téléphone un de ses copains dont le père avait voté le matin même avec un collaborateur très proche du maire (socialiste) de Coudekerque-Branche qui, hier encore, avait eu communication de sondages secrets mais indiscutables : « Ça allait être serré. » A dix-huit heures, je prenais ma quatrième douche de la journée pour maîtriser mes nerfs. A dix-neuf heures, mon papa s'était lancé dans un duel sauvage entre un tournevis et le poste de télé pour être sûr que « dans un moment pareil, on aurait une image bien nette ».

A dix-neuf heures quinze, on était au bord du drame familial : on n'arrivait plus à avoir que RTB, la chaîne flamande, et encore, un peu brouillée. Ma maman envisagea une solution extrême : « File chercher ta mémé, elle parle flamand, elle va nous traduire. » Encore qu'en toute franchise, la politique, ça ne soit pas tellement la tasse de Gueuse-lambic de ma mémé. Et puis mon frère fit une remarque pertinente : « De toute façon, pourquoi une télé étrangère ferait-elle un programme spécial sur les présidentielles françaises ? » En remplacement, je filai donc chercher le père de Jeanjean parce qu'il est dans l'électronique. A dix-neuf heures quarante-cinq, tout était rétabli. La famille au complet attendait le

173

grand moment dans un recueillement de cathédrale. A dix-neuf heures cinquante-cinq je prononçais, d'une voix tremblante, un vœu solennel : « S'il est élu, j'arrête de fumer. » A vingt heures une, je m'apercevais que je venais de proférer ma dernière idiotie de l'ère giscardienne. J'allumais une cigarette pour fêter l'événement le plus formidable, le plus grandiose, le plus enthousiasmant jamais arrivé depuis le jour où j'avais eu le permis de conduire : « François Mitterrand est élu président de la République. » Le monde basculait d'une phrase. Les ouvriers allaient devenir patrons, le tiers monde allait manger, on aurait du rabe de couscous tous les jours au resto-U, on allait tous s'aimer les uns les autres, les uns sur les autres, les uns dans les autres. L'aube radieuse du Grand Soir tant attendu teignait l'avenir en rose. Mon père sautillait sur le canapé : « On les a eus, on les a eus. » Ma mère gardait la tête froide : « Plutôt que de t'énerver comme un gamin, tu ferais mieux de lui confisquer ses cigarettes. »

Mon copain Pitchoune passa me prendre, comme tous les dimanches, pour qu'on file à Lille retrouver nos chambres d'étudiant. Là-bas, c'était l'hystérie. La Bastille cette nuit-là, à côté, c'était de la petite bière. On chantait le P'tit Quinquin sur l'air de l'Internationale, et l'Internationale sur les vieux airs du Carnaval de Dunkerque. C'était presque aussi beau que les soirs de Grande Braderie de septembre. Bien sûr, il n'y avait pas de concours du plus haut tas de moules devant les restaurants : en mai, les moules, c'est risqué. Du coup, on se contentait de frites nature. Il faut savoir se priver pour une grande cause. Dans une réconfortante odeur de graillon, le 10 mai 1981 entrait dans l'Histoire. Les années quatre-vingt, elles, entraient en politique.

On l'admet, la suite fut moins glorieuse. Une alternance salutaire, de nobles conquêtes sociales, le beau Badinter abolissant la peine de mort, Jack-le-Magnifique redonnant un peu de muscle à la Culture nationale puis la lassitude, la rigueur, le chômage. On connaît tout cela par cœur. L'état de grâce, pendant trois mois, l'état de crasse, quand un million de personnes descendirent dans la rue au secours de l'école privée, l'état de brasse, quand Charles Hernu envoya ses plongeurs en Nouvelle-Zélande. Le club des ronchons nous l'a assez seriné : « Vous chantiez, eh bien déchantez, maintenant. »

Et quand la gauche au pouvoir se serra le grand cœur dans le corset de la *Real-Politik*, ce fut au tour de l'opposition de se perdre dans les vertiges de la solution miracle. « Moins d'État ! Moins d'État ! Moins d'État ! » c'était la nouvelle scie en vogue. Le socialisme s'était effondré, il fallait être « libéral ». Nouvelle alternance en 86, nouveaux déboires en six mois. Plus personne ne s'essayait à matraquer le tube du « moins d'État ». D'ailleurs, les seuls à matraquer alors, ce furent les célèbres « bataillons de voltigeurs » de Charles Pasqua. Et dès le premier charter pour le Mali, le beau rêve libéral s'envola.

À FOND LA FORME

Ces dernières années, tous les éditorialistes nous l'ont asséné : « Les années quatre-vingt ont marqué la fin des idéologies. »

Aussi, puisqu'on avait enterré les choix de société, puisque le fond commençait à manquer, il a fallu apprendre à vendre la forme. Comme dit le philosophe chinois : « Quand on n'a plus d'idées dans la tête, il faut faire gonfler son *brushing*. » Ce fut l'apogée de la « politique spectacle ». On en parlait déjà au temps où Giscard s'enfilait des cols roulés, et où François Mitterrand se faisait raboter les canines. Mais le spectacle donné dans ces époques reculées fait figure de fête de fin d'année au lycée d'Issoudun à côté des *shows* fastueux dont on nous gratifia dans les *eighties*.

« Il ne s'agit plus de convaincre, il faut séduire », disait, en 1986, Bernard Rideau, ancien mentor de VGE.

Désormais, entourée de l'incontournable « celluleimage », et des inévitables « conseillers en communication », la plus pâle étoile de la vie publique dut apprendre de nouveaux pas pour évoluer sans s'emmêler les pinceaux dans le grand ballet politico-médiatique. Avant il fallait avoir des idées, une conviction, un message clair et fort, un « Programme commun », un « Appel du 18 juin », une « Nouvelle Société » ou un « Libéralisme avancé » pour se faire un destin. Désormais, il faut avoir le *look*.

Qui dira que le débat démocratique n'a pas progressé ?

La recette du look tient dans le dosage savant de trois ingrédients :

1. Être *cool*.

Jadis, empesés dans leurs vieux costumes tissés à la navette parlementaire, nos politiciens étaient attrayants comme un abonnement au *Journal officiel*. La droite continuait à considérer Antoine Pinay comme un modèle d'élégance. La gauche, avec ses barbichettes d'instituteur, entrait dans la classe politique sans être vraiment sortie de ses classes primaires.

Dans les années quatre-vingt, le grand vent du *cool* a épousseté, une bonne fois pour toutes, ces vieilleries. C'est lui, entre autres, qui a balayé d'abord le bandeau de Le Pen puis la grosse chevalière et sa gourmette assortie qui lui donnaient l'air d'avoir été mandaté par les Halles plutôt que par le suffrage universel. C'est lui qui a transformé les frisettes de Mme Bouchardeau période « moutons du Larzac » en mises en plis savantes.

L'affiche du RPR « Vivement demain », la bande de potes hyper-sympas de Jacquot (Chirac) en chemise à rayures et cravate au vent, est un remarquable exemple de *cool*. Heureusement que Michèle Barzach a beaucoup moins l'accent allemand que Romy Schneider et Chirac beaucoup plus de cheveux que Michel Piccoli. Sans cela, tout le monde aurait juré que cette affiche était celle du prochain film de Claude Sautet.

L'homme politique le plus *cool* est certainement, à

droite, François Léotard. Pourtant, Dieu sait si la tâche lui est rude. Perpétuellement, il oscille entre les écueils les plus redoutables. Un ras de cou un peu trop sombre, un complet noir et le verdict tombe comme une bulle du pape : « Qu'est-ce qu'il peut faire curé. » Mais l'autre extrême, le teint hâve, la barbe pas nette, le pull un peu douteux, le col ouvert serait encore pire : « Il est encore plus amoché que son frère. » Reste évidemment la solution de l'originalité absolue et décoiffante qui plaît aux branchés et soutient l'industrie du vêtement : le costume signé par un jeune créateur de mode. L'ennui c'est que comme Lang a déjà pris Thierry Mugler, il ne lui reste que Jean-Paul Gaultier. Esthétiquement, c'est intéressant. Politiquement, c'est suicidaire : dès qu'il aura enfilé la fameuse jupe pour hommes, on jurera qu'il essaie une fois de plus de piquer des électeurs à Simone Veil.

Non, François Léotard a trouvé un créneau plus pointu et plus enlevé : la panoplie de coureur de fond. Partout, on le voit en petit short satiné tremper le tee-shirt dans les marathons.

Excellent, le marathon. Ça lui permet d'exhiber discrètement ses belles jambes fuselées, de prouver à son parti qu'il a plus de souffle qu'on ne croit, et de montrer à la gauche qu'elle n'a pas le monopole du parcours du cœur. Et puis surtout, il est certain, mais alors, absolument certain que c'est le seul terrain sur lequel Raymond Barre ne viendra pas, pour une fois, faire de meilleures performances que lui.

Le pendant à gauche de Léo, c'est Fafa. Quand on n'oublie pas qu'on parle d'un ancien Premier ministre de la France, on dit Laurent Fabius. Fabius, lui aussi, est très *cool*. Son problème à lui, c'était qu'avec ses Weston bien cirées, ses costumes double fil et son accent du faubourg Saint-Honoré, il faisait parfois un peu trop *cool* de luxe. Tout son travail consista à se raboter le vernis pour se donner le côté bois brut qui plaît tant au grand public. On l'a vu arriver à Matignon dans la Deux Chevaux de sa femme. On l'a entendu, dans ses émissions à la télé, limiter son vocabulaire à huit cents mots. On l'a aperçu au Zénith, pour Johnny, ou dans les concerts de SOS Racisme. Il s'est aussi fait photographier à la sortie de sa boulangerie en charentaises. La charentaise! C'était un sommet! Un coup de génie! Rien qu'avec elle, il mettait l'électorat à ses pieds. Symbole du confort, du logis douillet, de la francité, la charentaise inspire immédiatement une confiance absolue, aveugle, enfantine : est-ce qu'on imagine un dictateur en savates, Hitler en babouches, Khomeiny en chaussons? Non. Un homme politique qui met des charentaises, c'est un homme politique qui arrivera à l'Élysée dans des pantoufles.

2. Être *casual*.

En français, on dit être simple, quotidien, bref, être un homme comme les autres. C'est un vieux truc, mais ça marche toujours.

Outre-Atlantique, par exemple, le candidat passe son temps à exhiber sa femme, ses (trois) enfants (blonds) et un Stetson un peu usagé. En France, mis à part le chapeau de *cow-boy*, la pratique se développe. VGE avait été, dans ce domaine, un précurseur. A l'Élysée, il aimait montrer au bon peuple le parterre fleuri qui compose sa petite famille : Anne-Aymone, Valérie-Anne ou Jacinthe. Il a fait des émules. Jean-Marie Le Pen ne se déplace pas sans ses deux blondes *Gretchen*. Et pour calmer les étudiants, Chirac a renvoyé un ministre (Devaquet) et sorti sa fille (Claude). Les épouses peuvent également rendre service : on a appris à connaître Françoise (Fabius), Michèleu (Rocard), Ève (Barre) ou Antoine (Veil).

L'émission *Questions à domicile* est un excellent moyen de se montrer parfaitement *casual*. On invite cinq ou six millions de téléspectateurs dans son intimité aussi naturellement qu'on convierait les voisins du dessous à prendre un petit kir pour fêter le nouveau canapé du salon. Tout est ouvert, très simplement, aux caméras d'Anne Sinclair. La cuisine, le *living*, le coup d'œil à la chambre à coucher, les photos de mémé sur le buffet. Ça crée des liens irremplaçables entre l'élu et l'électorat, et ça donne des idées de déco (« Tiens, on devrait refaire la salle à manger pareil que chez les Quilès »). Un seul ennui : poussés par un reste d'archaïsme, les hôtes insistent en général pour parler politique pendant une bonne partie de l'émission.

Autre aspect de l'intimité : il s'agit de montrer qu'un peu au-dessous du portefeuille ministériel, on a aussi un tempérament. Pour flatter le côté latin des Français, il faut prouver qu'on ne s'intéresse pas seulement à leur corps électoral.

Des exemples ? VGE, toujours lui, a fait un *best-seller* de son dernier ouvrage. A cause d'une idée neuve sur l'Europe ? D'une relance du libéralisme ? De son intention de soutenir les socialistes aux législatives ? Pas du tout ! Uniquement parce qu'il y avouait qu'il lui était arrivé d'avoir des considérations extra-politiques en regardant les jambes d'Alice Saunier-Seïté. Charles Hernu, coquin, a posé avec un nounours dans une publicité pour *Lui*. Chirac aussi aime à montrer de temps à autre qu'il n'est pas de bois : quand François Mitterrand reçoit Brigitte Bardot pour ses cinquante ans, il glisse, suffisamment discrètement pour que tout le monde le répète : « Si j'avais été président, je n'aurais pas attendu qu'elle ait cinquante ans pour la recevoir. »

3. Être *fun*.

Plus la courbe du chômage augmente, plus les grands équilibres économiques tanguent au bord de l'abîme, plus l'avenir est sinistre, et plus il faut montrer que l'on a « de-l'-humour » !

Attention, pas d'excès. Le fou rire pendant un grand débat sur les nouveaux pauvres, les blagues belges dans un sommet européen, les plaisanteries égrillardes avec les associations familiales catholiques sont déconseillés. Un brin d'ironie, un soupçon d'autodérision suffisent. On se fait inviter à *l'Oreille en coin*, sur France Inter. Et surtout, on dit du bien du *Bébête-show*, cette saloperie qui fait, en pleines présidentielles, 27 points à l'Audimat, quand les vraies belles émissions de propagande plafonnent à 6 les bons jours. N'empêche. Agresser de front les Barzy, Rocroa ou Black Jack, c'est se condamner politiquement : « Il est nul, il sait pas rigoler. »

Tous, donc, ont été saisis, dans les années quatre-vingt, par le virus du *fun*. Même les communistes. Pourtant, quand on a la langue de bois, il est assez difficile de se fendre la pipe. On pensait que, d'élection en élection, le PC allait doucement s'éteindre, dans la discrétion et la dignité. Pas du tout. *L'Humanité* se lance dans la pub clin d'œil : « Dis coco, t'as vu *L'Huma* ? » Et, sur les affiches, à la place du traditionnel défilé des prolétaires-en-marche-vers-le-progrès, on voit un seul lecteur du quotidien des travailleurs : il est en costume à rayures, dans sa Rolls, et derrière son chauffeur. Bidonnant, non ?

Outre les communistes, d'ailleurs, tous les hommes politiques aiment jouer de leur organe central. Dans les années quatre-vingt, ils ont tous, à un moment ou à un autre, poussé la chansonnette. Qui à *l'Oreille en coin*, qui à la télé, qui à la fin d'un *meeting*. Chirac s'est contenté de poser avec un baladeur sur les oreilles, mais Bigeard a sorti un disque patriotique. François Léotard a roucoulé *l'Ajaccienne*. André Giraud, alors ministre de la Défense, a pastiché *Tiens voilà du boudin*, l'hymne de la Légion. Jacques Toubon, dit « le Petit Conservateur de la Chanson », a entonné *la Tosca* et Louis Mexandeau une chanson en patois picard. Dorénavant, en cas de contestation de scrutin, le Conseil d'État pourra départager les candidats au radio-crochet.

UNE SOCIÉTÉ TRÈS CIVILE

La société civile. Depuis que Michel Rocard a tenté d'ouvrir son premier gouvernement à « des personnalités issues de la société civile », l'expression a fait florès.

A part le général Bigeard qui a pensé, sans doute, qu'il s'agissait d'une opération menée par les antimilitaristes, tout le monde l'a compris : la société civile est un terme chic pour parler du traditionnel appel aux techniciens, censés enrichir les portefeuilles ministériels de leurs compétences professionnelles. Ainsi, par exemple, le Pr Schwartzenberg a pu montrer en moins d'une semaine son savoir-faire dans le domaine de l'euthanasie politique.

En fait, depuis le début des années quatre-vingt, le vocable désigne un phénomène plus large : à l'heure où le discours politique était en totale panne d'idées, il était bien normal qu'à coups de comité d'éthique ou de commission des Sages, on demandât aux non-politiciens de démêler eux-mêmes le sac de nœuds des nouveaux problèmes de société. Pour le meilleur et pour le pire.

Le meilleur : SOS Racisme. Ce mouvement a été la première expression organisée du métissage *black*-blanc-beur, du *melting-pot* à la française. Les fameuses « petites mains » au revers étaient une bonne réponse à l'affront national : avec tant de paumes, les racistes ont enfin compris qu'ils allaient avoir des pépins.

Le pire : Yves Montand. Parce que le papet avait fait un peu de résistance (à la télé) contre les Russes, dans une émission sur le pacifisme, et quelques bons scores à l'Audimat pour une autre émission intitulée *Vive la crise*, il s'est imaginé, l'espace d'un instant, futur président de la République. Et quoi encore ! Ce n'est pas une question de compétences, c'est une question de prix. Quand on sait qu'il demande huit cent mille francs pour *Questions à domicile*, on n'ose imaginer quel tarif il nous aurait fait pour un beau conseil des ministres.

Le plus grave, c'est que pendant que Montand s'essayait à la politique, Lionel Jospin déboulait sur un plateau d'émission de variétés pour interpréter *les Feuilles mortes*. Doit-on en conclure que la société civile se résume à un simple échange de compétences ?

Déjà, entendre le professeur Machin et le docteur Truc donner leur avis sur tout alors qu'ils n'ont sollicité la voix de personne, c'est un peu excédant pour un démocrate. Mais s'il faut pendant ce temps-là se faire opérer de l'appendicite par Jean Poperen ou Charles Pasqua, c'est décidé, on choisit l'exil.

ÉVIDENT, C'EST PRÉSIDENT

Les finauds, les vrais républicains et les rocardiens revêches l'auront sans doute remarqué : pas une fois, dans les lignes qui précèdent, il n'a été question de François Mitterrand, dit Tonton. Le chef de l'État, à notre avis, mérite un traitement à part.

Nous ne voulons pas sombrer ici dans la redoutable « tontonmania » qui saisit la France à la veille des élections présidentielles de 1988. Non pas que nous n'ayons pas, nous aussi, une admiration éperdue pour le président de la République. Mais ce qui nous gêne, dans la « mitterrandolâtrie » pré-présidentielle, c'est qu'elle reposait éventuellement sur une affectivité compréhensible, mais largement irrationnelle. Notre « mitterrandophilie », au contraire, repose essentiellement sur des faits tout à fait objectifs et indiscutables. On peut les regrouper en deux points :

1. On aime François Mitterrand parce qu'il est beau.
2. On aime François Mitterrand parce qu'il est *tendance*.

Cette dernière thèse mérite une explication. Tous les autres hommes politiques, on l'a vu précédemment, ont passé la décennie écoulée à tenter de se raccrocher par toutes les branches à la modernité. Tonton, à l'inverse, a consacré ses années quatre-vingt à prévoir les modes qui feraient les années quatre-vingt-dix. C'est là sa suprême supériorité. Disons qu'à part deux très légères fautes de goût (avoir commandé des fauteuils Starck pour l'Élysée et accepté de faire des interviews avec Marguerite D.), probablement commises uniquement pour ne pas faire de peine à Jack Lang, il a été parfait. Tous les chapitres de ce livre pourraient lui être dédiés, il a tout prévu.

Les *eighties*, par exemple, ont glorifié l'image, la télé, le clip jusqu'à l'écœurement. Tonton, lui, a fait sa campagne avec une *Lettre à tous les Français* et de grandes émissions de radio, ce qui est quand même très chic. D'ailleurs, la seule fois où il s'est essayé aux moyens de télédiffusion modernes, la grue qui devait transmettre l'émission depuis Latché s'est perdue dans le brouillard.

Les années quatre-vingt ont eu, plus encore que les précédentes, la manie du franglais : même les représentants de la République se font des *brainstormings* dans des *morning-meetings*. Le Président, lui, affecte de ne pas connaître un traître mot de cette langue de barbares et d'impérialistes *yankee*. Et quand il ne peut les éviter, il les massacre : c'est le seul Français à parler des ordinateurs *Appleu*.

Aujourd'hui, la lecture est de bon ton ? Tonton a toujours passé son temps à ça et ses après-midi à flâner chez les bouquinistes. Certains esprits mesquins font remarquer, à cette occasion, qu'on le paie pour travailler, et non pour aller traîner les librairies. Non seulement ces gens sont mesquins, mais ils sont, en outre, totalement ringards. Évidemment, Tonton ne lève pas le petit doigt ! Le travail n'est plus du tout à la mode. Ça fait penser à Bernard Tapie.

La famille est en vogue ? Et qui a-t-on vu partout depuis 1981 ? Roger Hanin, son beau-frère, et Frédéric M., son neveu. Le *cocooning* est un *must* ? Dès le début de son mandat, alors qu'on lui proposait un superbe *loft*, chauffé gratuitement, rue du faubourg Saint-Honoré, avec des gardes républicains à l'entrée, il a préféré rester dans son petit trois pièces *cosy* de la rue de Bièvre. La nouvelle cuisine est *out* ? On connaît à François Mitterrand, une seule cantine : le Vieux Morvan, dans son ex-mairie de Château-Chinon. Peut-on imaginer avec un nom comme le Vieux Morvan, que ce soit le genre d'endroit à servir une « salade de flétan cru à la crème de ciboulette sur son effilochée d'ortie » ?

Mais où il est le meilleur, enfin, c'est sur le chapitre

des vacances. Aux pires moments des années quatre-vingt, elles se devaient d'être fatigantes, à l'étranger, et le plus loin possible. Tonton, lui, fait son *trekking* sur la roche de Solutré, en pleine Bourgogne. Et l'été, il va faire du jardinage dans sa maison de Latché, dans les Landes. Un seul détail, qui le rendrait absolument parfait, résolument chic, échappe, hélas! à notre information: quand il va à la mer, au fort de Brégançon, on ignore s'il pense à mettre les filets à crevettes sur la galerie de la voiture.

LA VÉRITÉ SUR LES AUTEURS

La fin approche. On doit au lecteur plus qu'une conclusion. On lui doit, à cette extrémité dernière, une confession, un acte de contrition ultime qui puisse nous faire quitter ce livre en nous soulageant l'âme. Avant que de poser la plume, il faut tomber les masques. Pendant deux cents et quelques pages, nous jouâmes sans vergogne avec les tics d'une époque, attrapant les snobismes dans nos petits filets à papillons pour les épingler au musée du grotesque, pistant les lieux les plus communs dans la vaste forêt du ridicule, distribuant sans complexes ici des bons points, là des blâmes comme si nous-mêmes, aériens et irréprochables, nous avions traversé la période en anges de vertu. La vérité est moins glorieuse.

Si nous nous moquons tant maintenant de ces malheureuses années quatre-vingt, ce n'est pas parce que nous en sortons vainqueurs. C'est parce que nous en fûmes les victimes. Et encore ! Pas même de ces victimes qui périssent avec brio, l'épée au poing et le panache au vent, la lignée des Duras, des Lang, des éditorialistes de *Globe* qui s'achèvent eux-mêmes à coups d'interview, d'article, de fait et de geste grandioses. Non, nous, nous fîmes partie de la cohorte des dupes à la petite semaine, des longs manipules de gogos du commun, des enrhumés anonymes d'un air du temps qu'ils n'insufflent même pas. Veut-on des exemples précis ?

Un seul parmi cent : les Bains Douches. Ici et là, dans les pages qui précèdent, nous évoquons ce temple de la décennie passée comme si nous-mêmes en avions été les piliers. En grattant aujourd'hui tout au fond de nos mémoires et en additionnant nos souvenirs, on en arrive en fait à ce bilan prestigieux : depuis 1980, nous y sommes allés trois fois. Très exactement, nous avons *essayé* d'y aller trois fois. La première, le taxi n'a pas trouvé la rue. La seconde (un samedi soir), on s'est fait refouler par le portier malgré un parrainage prestigieux et des protestations véhémentes : on était avec un copain qui avait été en classe avec un garçon qui connaissait intimement l'ex-manager d'Étienne Daho. Rien n'y fit. La troisième fois, on eut enfin le grand bonheur d'aller s'ennuyer avec distinction en bas, à côté du vestiaire, et l'immense plaisir d'apprendre dès le lendemain, en feuilletant un vieil *Express-Paris*, que le *must* des nuits de la capitale était depuis six mois le Balajo.

Du reste, on pratiqua plutôt, durant ces années-là, le *nightclubbing* en cercle privé. Ça s'appelait des *fêtes*. On se souvient, en vrac, d'une fête « artificielle », du meilleur goût : le buffet entièrement retouché aux colorants alimentaires n'eut pas le succès escompté. On se retrouva avec une provision d'une semaine de choux-fleurs bleu pâle et de mayonnaise mauve. On organisa aussi, à grand renfort de gravats, de bâches et de parpaings une fête « chantier » très réussie chez un copain que, curieusement, on n'a plus vu depuis. Au chapitre culturel, on retrouve quelques exploits : lire jusqu'au bout *le Nom de la rose* d'Umberto Ecco ; dépasser la première heure d'un spectacle de Pina Baush ; suivre l'intégrale des douze *Océaniques* consacrées à Glenn Gould.

On trouve aussi un drame : on est allé voir *37° 2* avec un camarade qui s'est évanoui quand la Dalle se retire son œil ; il a fallu le sortir d'urgence de La Pagode, cinéma chic. Et un grand moment, une « performance » : un après-midi, on est allé regarder le linge tourner au Lavomatic, en maillot de bain, avec des tubas et des palmes. L'aspect très net d'« agitation culturelle » de l'opération est, hélas, resté assez limité. Le Lavomatic était vide, la rue aussi. C'était un 15 août.

Pour le reste, on a observé cette décennie d'un point de vue assez élégamment distancié. Autrement dit, on a vu Londres, phare de la branchitude, depuis un *bed and breakfast* pakistanais, en sous-sol, dans une odeur de bacon froid ; on a vu les défilés Gaultier en extraits sur Canal Plus (en clair) ; les grands concerts de *rock* dans *Libé*, sauf un au début de la décennie, à la MJC de Bobigny ; les meubles de Starck dans le catalogue des Trois Suisses, et des personnalités de premier plan dans les endroits les plus divers. Brice Lalonde, une fois, qui faisait son marché rue de Buci, mais on ne l'a pas reconnu sur le moment. François Mitterrand, de loin, à la tribune d'un meeting. Sophie Marceau derrière des lunettes de soleil et une limonade, à la terrasse d'un café des Champs-Élysées. Et enfin Bernard-Henry Lévy, au bar du Twickenham dans le VIᵉ arrondissement. On sortait, il entrait.

Quant aux années quatre-vingt-dix, autant le dire, on les démarre très en pointe. Ainsi par exemple, à la Toussaint, nous sommes allés à Quiberon jouer au Monopoly. On peut l'affirmer maintenant : ce jeu est idiot. On n'a pas fini la première et unique partie. D'ailleurs, personne n'a été capable de retrouver les règles exactes d'attribution des maisons et des hôtels et la fonction de la case Parking Gratuit. On a terminé par un poker avec l'argent de la banque. Pour le reste, aussi, nous sommes *furieusement tendance*. Sans peine, nous méprisons toutes les barbares idoles des années quatre-vingt : l'argent (on n'en a pas) ; le sexe (on vieillit) ou le look (le nôtre, on ne l'a toujours pas trouvé) : et quand un jeune coq vient nous chauffer les oreilles de la nouvelle mode, des soirées à la maison, popote et pantoufles, nous rétorquons avec superbe : « Mon pauvre ami, ça fait dix ans qu'on connaît ça par cœur. »

SOMMAIRE

Achevé d'imprimer en octobre 1989
sur les presses de l'Imprimerie Bussière
à Saint-Amand (Cher)

PRESSES POCKET - 8, rue Garancière - 75285 Paris
Tél. : 46-34-12-80

— N° d'imp. 9730. —
Dépôt légal : octobre 1989.
Imprimé en France